智能化＋融媒体＋新形态一体化创新教材

网店运营实务

主　编◎ 冯天忠　李国辉　林志芳　肖　洁

副主编◎ 高　博　王瑞泽　孙志胜　赵梅芳

　　　　　江莉花　陈　思　李　双

中国出版集团

研究出版社

图书在版编目 (CIP) 数据

网店运营实务 / 冯天忠等主编. — 北京 : 研究出

版社, 2022.6

ISBN 978-7-5199-1256-7

Ⅰ. ①网… Ⅱ. ①冯… Ⅲ. ①网店 – 运营管理 Ⅳ.

①F713.365.2

中国版本图书馆CIP数据核字(2022)第110257号

出品人：赵卜慧
出版统筹：张高里　丁　波
责任编辑：范存刚

网店运营实务

WANGDIAN YUNYING SHIWU

冯天忠　李国辉　林志芳　肖　洁　主编

研究出版社 出版发行

（100006　北京市东城区灯市口大街100号华腾商务楼）

廊坊市广阳区九洲印刷厂　新华书店经销

2022年6月第1版　2022年6月第1次印刷

开本：787毫米×1092毫米　1/16　印张：11.5

字数：264千字

ISBN 978-7-5199-1256-7　定价：39.90元

电话（010）64217619　64217612（发行部）

前言 PREFACE

《"十四五"电子商务发展规划》阐明了"十四五"时期我国电子商务的发展方向和任务。网店开设与运营作为电子商务渠道中一个较为有效的手段被广泛应用。为满足众多高校电子商务专业及其他财经商贸类专业的需求,编者组织编写了本书。本书以就业为导向,以能力为本位,以素质养成为目标,尤其突出了实战性。

本书系统地讲解了网店运营的原理、方法、策略和技巧,并结合企业岗位实际需求,采用了项目式教学的编写模式。

全书共有三篇,分别是基础操作篇、网店运营篇和网店运营新场景篇。基础操作篇包含网店开设、网店装修、网店基础操作三个项目;网店运营篇包含网店推广、运营数据分析、网店客服三个项目;网店运营新场景篇包含网店运营新方向和跨境进出口店铺运营两个项目。各项目均设计了"项目目标""思维导图""案例导入""课程任务""案例延伸""项目检测"和"实训拓展"模块,有利于学生在每个项目学习完毕,有针对性地进行项目内容和能力的检测。

本书在项目目标中单设了思政目标,利用二维码方式设置了知识延伸等个性化模块,内容新颖,突出思政课程的培养要求及知识的系统性和实用性。

本书可作为职业院校、应用型本科院校、成人高等院校电子商务专业和其他财经商贸类专业相关课程的教材,还可作为电商从业者的参考用书。

在编写过程中,编者参考了大量文献资料,在此一并表示感谢!由于编者水平有限、时间仓促,书中难免有不足之处,恳请读者批评指正。

编　者

目录 CONTENTS

基础操作篇

网店运营篇

网店运营新场景篇

基 础 操 作 篇

网店开设

知识目标

1. 了解网上开店前的初步定位方法。
2. 了解选品的方法。
3. 了解市场调查的方法。
4. 了解网上开店的基本流程。

能力目标

1. 掌握企业开设网店前期筹备的注意事项。
2. 掌握市场调查与分析的能力。
3. 掌握开店选品的能力。
4. 学会申请与开通网上店铺。

思政目标

1. 在开设网店中培养学生的创新创业精神。
2. 培养学生网店创设中的版权意识。

思维导图

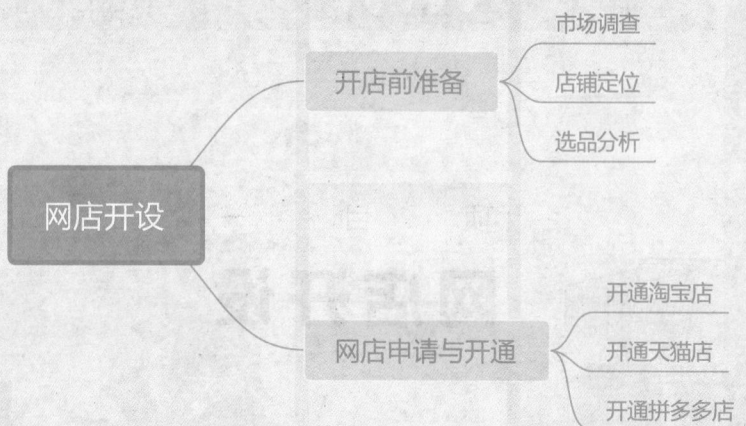

案例导入

从走过 12 年的"双 11"看我国网上消费市场的蓬勃生机

熬最深的夜，抢最大的红包，用最快的手速成为第一波"尾款人"。2021 年的"双11"，火热的购物狂潮依旧。

从 2009 年开始的仅为 1 天的购物节，到 2021 年持续 1 个月的超长购物周期，"双 11"逐渐脱离"仅此 1 天"的时间限制，已然成为强劲消费力的代名词，折射出我国网上消费市场的蓬勃生机。

从最初的限时折扣满减，到堪比奥数的打折优惠公式，再到预付款后深夜守候付尾款，"双 11"的花样翻新令人眼花缭乱。

2021 年 9 月底，天猫就曾对外公布"双 11"新品策略。天猫官网数据显示，11 月 1 日 0 点至 24 点，"双 11"首日，天猫快速消费品事业部成交破亿元品牌有 64 个，其中破 5 亿元品牌有 14 个。

10 月 31 日晚，京东也发布"双 11"启动战报。战报显示晚 8 点开始的 4 个小时内售出商品超 1.9 亿件，超 500 个服饰品牌成交额同比增长 3 倍以上。

在拼多多新消费研究院研究员陈辰看来，经济形势稳中向好，消费者信心指数趋势上涨，大众消费需求的提升和消费能力的持续释放是网购消费活力不减的主要原因。中国消费市场的规模性增长和结构性升级，为平台的孵化与发展提供了充足的土壤。

2020 年以来，"双 11"总离不开预售这一优惠模式，而深夜付尾款的设定更是饱受网友诟病，仅"为什么付尾款总在深夜"这一热搜的阅读量就高达 5.5 亿。有网友吐槽这是商家为促销而刻意营造的消费紧张感，但也有"晚睡星人"认为，深夜和网购才最配。

与往年不同，2021年有平台修改购物新玩法，例如，京东将付尾款的时间提前了4个小时，消费者在10月31日晚上8点即可开始付尾款。拼多多则采取简单直接、直抵底价的策略，拒绝"付尾款"环节。"我们主张'每天都是双11'，今年同样如此。"陈辰介绍2021年"双11"是《规范促销行为暂行规定》正式实施后迎来的首个"双11"。中国消费者权益保护法学研究会副秘书长陈音江说："消费者虽然热情，但总体保持理性，平台和商家侵犯消费者权益的行为也在减少，总体来看，比以往规范不少。"数据显示，与"省钱"相关的词汇搜索量，今年比去年同期增长122%，与"双11"产品避雷攻略相关的"笔记"发布量同比增长约3倍。

在国内市场强大需求的驱动下，12年前催生出的"双11"一直以来都是商家的大促狂欢，也是让消费者享受快乐购物的节日。

不知不觉中，"618购物节""1212购物节"、上海"五五购物节"、北京"六六购物节"……各种购物促销节日也纷纷诞生。

容纳众多购物狂欢节的中国市场，依然呈现巨大潜力。国家统计局数据显示，2021年上半年，全国网上零售额为61 133亿元，同比增长23.2%。其中，实物商品网上零售额为50 263亿元，同比增长18.7%。在我国经济已由高速增长阶段转向高质量发展阶段的新常态下，网络消费市场的快速发展是其中重要一环。

消费热潮的背后，是对行业发展的冷静思考。从搜索数据来看，2021年"双11"预售开始后，新消费国货品牌比往年更加亮眼，"国货"相关的搜索量同比增长约50%。有专家表示，当下正是诞生消费品牌的好时代，中国强大的供应链和20多年积攒的产品人才，通过本地化的营销思路和洞察，能够快速产出符合中国当代年轻人需求的海量优质品牌。

国内的市场活力同样吸引着国际上的竞争者。正在上海举办的第四届进博会上，来自127个国家和地区的近3 000家参展商汇聚于此，更有众多的首发新品亮相其间。不少展商在搭建展台时，一并将直播间也搬进来，只为能乘上"双11"的东风，实现从展品到商品的"一秒变身"。

"不论市场需求如何火热，要实现商业的信心提升和内需的拉动，关键还是看企业和平台网店经营者能否制定简单的优惠措施，商家能否提供质量合格的产品和优质的售后服务。"陈音江说，"各方都应多一些真诚，少一些套路，为消费者提供真正的消费实惠。"

那么，在网络购物高速增长的今天，你认为开设网上店铺应该做哪些准备呢？

（资料来源：新华网，2021.11.10）

任务一　开店前的准备

一、市场调查

网店开设前首先要对市场进行调查，解决"要开一家什么样的店"的问题。首先要设定目标市场、对网店进行目标市场分析，然后对竞争对手进行分析，以确定所开网店的优势与机会。

（一）网店市场分析

网店市场分析的内容包括产品所在的行业、目标顾客具体年龄段、产品的市场定位、产品的定价区间等。因此，在开设网店前需要开展市场调研，根据调研结果来设定目标市场。市场调研的方法分为实地问卷调查和网上问卷调查两种。

1. 实地问卷调查

调查人员设计调查问卷，让被调查者填写问卷，从而获得所调查对象的信息。在进行的实地调查中，以问答卷采用最广。实地问卷调查时，调查人员可以直接接触被调查者，所以调查结果更为真实，也可以听到更多目标消费者的意见。

2. 网上问卷调查

随着科技的进步，网络的发展也日新月异，网络已成为现代人生活中的一部分。在网络中，有不同地区、不同年龄、不同爱好、不同学历的人，这些人都是潜在的消费者。因此，可以利用网上问卷平台开展问卷调查。相比实地问卷调查，网上问卷调查的受众更广、成本更低、效率更高。

目前，国内较为知名的网上问卷调查平台有"问卷星"和"问卷网"等网站。如图1-1、图1-2所示。

图 1-1　问卷星网站

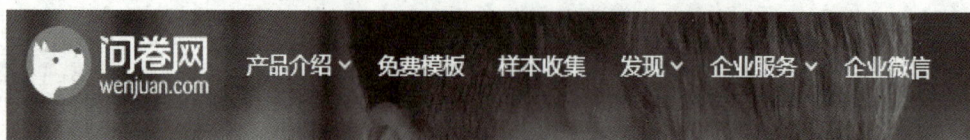

图 1-2　问卷网网站

多数网络调查平台均会提供问卷模板，我们可以自主对问卷进行设计，然后搜集数据。调查结束后，平台将帮助我们进行数据统计和结果分析。

对于网店来说，不同的销售商有不同的市场定位。例如，一个礼品类的店铺的目标消费者是18~30岁的大学生和白领。

目标市场的选择，看起来很简单，但实际上却蕴含着丰富的营销思维。选择目标市场，必须建立在分析自身的优势和劣势、市场竞争的形势、整个消费群体、整个市场容量等基础上，考虑周全后，方能做出有意义的决策。

市场定位是制定市场战略的重要一环，选择好目标市场之后，必须对店铺进行定位。例如，礼品类店铺的市场定位是为18~30岁的大学生和白领提供有个性、有特色的创意礼品，用创意来突出他们的个性，用礼品来点缀、丰富他们的生活，满足他们对创意礼品的需求，如图1-3所示。市场定位很重要，这是一个战略层面上的定位，在接下来营销策略的制订中其产品定位、价格定位、渠道定位和促销定位都必须与之呼应。

图1-3　网店里的创意礼品

（二）竞争对手分析

分析竞争对手是商业竞争中很重要的一个环节。对于电子商务的从业者而言，也是如此。竞争对手的网站，当然也是需要重点分析的。在分析竞争对手时，需要对那些现在或将来可能产生重大影响的主竞争对手进行认真分析。这里的竞争对手通常意味着一个比现有直接竞争对手更广的若干个组织群体。在很多情况下，因为从业者未能正确识别将来可能出现的竞争对手，会导致从业者对将来竞争对手分析盲点的出现。需要分析的竞争对手包括现有竞争对手和潜在竞争对手。

1. 现有竞争对手

应该密切关注主要的竞争对手，尤其是那些与自己同速增长或比自己增长速度更快的竞争对手。一些竞争对手的优势可能不是在每个细分市场都出现，而是出现在某个特定的市场中。因此，针对不同的竞争对手，需要进行不同深度的分析。

2. 潜在竞争对手

主要的竞争威胁不一定来自现有竞争对手，而可能来自新的潜在竞争对手。例如，烟草行业中，品牌香烟销售潜在竞争对手是能代替香烟的一些产品。

通过对竞争对手的分析，我们可以了解对应的产品信息，及时调整自己店铺的推广策略，向竞争对手店铺学习其优点，规避其缺点。另外，对竞争对手做出分析，学习其优势运营方法是每一个网店卖家必须做的工作。利用网店数据，可详细了解竞争对手的店铺营业状况、产品销售布局、流量推广来源等信息。

SWOT分析

二、网店市场定位

根据现代营销理论，市场定位涉及三个层次：产品定位、品牌定位和公司定位。但是，对于一位刚刚涉足网上交易的卖家来说，开始产品定位和品牌定位为时尚早，他需要急迫解决的是公司定位问题，对于网店店主来说即为解决网店定位问题。对网店进行市场就是一个寻找网店差别化的过程，即如何寻找差别、识别差别和显示差别的过程。

（一）网店市场定位的步骤

1. 了解自己网店的优势

例如，有人有渠道通畅而价格低廉的货源，能够以低廉的价格销售和竞争者相同质量的产品，或以相同的价格销售更高质量的产品，这就是优势；有人善于沟通，人缘好，能够很快得到顾客的信任，以较短的时间达成多的交易，这也是优势；还有人资金充沛，在与供货商交易时，能够有更强的议价能力，这也是一种优势。

2. 了解商品优势，作为推广重点

通过调查和研究所要出售的商品，确定商品的优势所在。每个商品都是由多种因素构成的，包括性能、构造、成分、包装、形状、质量、品牌、售后服务等。通过综合分析，商家要了解自己经营的商品的优势，然后将优势作为自己推广商品的重点。

3. 结合优势，选择最合适的网店定位

对自己、竞争对手、商品进行分析后，可以结合各方面的优势，选择一个最适合自己的定位。例如，卖家的在进货价格方面有优势，就可以把自己定位为低价商品提供商。

4. 分析网店竞争对手，看清自己

可以通过浏览竞争对手的店铺、查看竞争对手的交易记录来分析竞争对手，了解他们的商品组成、价格、销售额等。再将自己的网店与竞争对手的网店进行综合比较，总结自己的优势所在。

5. 一切就绪，确定网店定位

综合分析各方面因素，为自己的店铺确定一个最终的市场定位。例如，卖家有物美价廉的进货渠道，经营商品的知名度较高，消费者的购买意向明确，而竞争者普遍交易量有限。在这种情况下，卖家便可以把自己的网店定位为名牌折扣店。

（二）网店市场定位的方式

网店市场定位实际上是一种竞争策略，它显示了一种商品或一个网店与同类商品或同类网店的竞争关系。网店的定位方式不同，竞争态势就不同。主要的网店市场定位方式有以下几种。

1. 与竞争对手"对着干"

与竞争对手"对着干"是指与市场上最强的竞争对手"对着干"的定位方式，也叫"迎头定位"。这种定位方式是一种危险战术，很容易失败。但不少卖家认为，这是一种更能激励自己奋发上进的定位方式，虽然有风险，但一旦成功就会取得巨大的市场优势，产生高额利润和高知名度。新手卖家如果要实行"迎头定位"，必须知己知彼，尤其要清楚自己的实力。由于选择的对手实力很强，在"对着干"时不一定非要压垮对手，能够与其平分秋色就是很大的成功。

2. 安全稳妥地避开竞争对手

安全稳妥地避开竞争对手是指避开强有力的竞争对手的市场定位。其优点是能够迅速在市场上站稳脚跟，并能在目标顾客群心目中迅速树立自己的形象。由于这种定位方式的风险较小，成功率较高，常常为大多数新手卖家所采用。

3. 对卖不掉的商品二次定位

对卖不掉的商品二次定位，通常是指对销路少、市场反应差的商品进行二次定位。这种定位旨在摆脱困境，重新获得增长与活力。困境可能是决策失误引起的，也可能是竞争对手反击或出现新的竞争对手造成的，还有可能是商品意外地扩大了消费者群引起的。例如，目标市场为青年人的某款服装却在中老年顾客中流行开来，这种情况就是通过二次定位形成的。

三、选品分析

（一）选择适合网店销售的产品

从理论上来说，只要是能卖的商品，都可以在网上销售。但是对于刚开始在创业的企业或

个人来说，选择合适的商品，将是一个良好的开始。选择适宜在网上销售的商品时，可以参考以下几个因素。

1. 体积较小的商品

选择体积较小的商品主要是方便运输，可以降低运输的成本。对于体积较大、质量较重而价格又偏低的商品，在邮寄时产生的物流费用很高，如果将这笔费用分摊到买家头上，势必会降低买家的购买欲望。

2. 附加值较高的商品

价值低过运费的单件商品是不适合在网上销售的。要做价格相对稳定的产品，不要做短时间内价格不稳定的产品。

3. 具备独特性或时尚性的商品

网店销售不错的商品往往都是独具特色或十分时尚的。

4. 通过网站了解就可以激起浏览者购买欲的商品

如果一种商品必须要买家亲自见到才会购买，那么这种商品就不适合在网上销售。如果有品牌商品进货渠道，可以考虑做品牌商品，因为这类产品知名度较高，即便买家不看到实物，也知道商品的品质。

5. 线下没有，只有网上才能买到的商品

有些东西线下买不到或很难买到，那么有需要的人就会上网搜索。这类商品一般都属于稀缺产品，如市场范围较窄的产品、生产企业没有能力在全国建立营销渠道的产品及用传统渠道做不好的产品。

6. 虚拟商品

虚拟商品一般可以在网上直接发货，省掉传统物流的麻烦，如充值卡、游戏币、游戏装备等。

另外，我们还可以通过网购排行，寻找网上热销品。有调查数据显示，目前网上销售量较大的商品有服装、数码产品、首饰、手机、化妆品、成人用品、男士用品、保健品、体育和旅游用品等。

（二）寻找合适的货源

在确定了卖什么、店铺的定位及选品之后，就要开始来找货源了。网上开店，成本较低是个重要因素。掌握了物美价廉的货源，就掌握了电子商务的关键。以服饰类商品为例，一些知名品牌均为全国统一价，在一般实体店最低只能打八五折，而在网上，服饰类商品的价格折扣可为二至七折。下面是寻找货源的三种常用渠道。

1. 普通批发市场

在各地像这样的市场不少，如广州流花服装批发市场、义乌小商品城等。普通批发市场是寻找货源的最简单的渠道。在开设网店的最初阶段，如果商品的销售达不到一定量的话，在本地普通批发市场进货，一般都能满足需求。

优点：更新快，品种多。缺点：容易断货，品质不易控制。

2. 品牌代理商

正规品牌的质量相对有保障，所以有条件的话，可以注意一下正规品牌专卖店。但是相对来说，直接联系品牌经销商做代理，需要更大的进货量。如果店铺已经发展到一定程度，想走正规化路线，这是个不错的选择。

优点：货源稳定，渠道正规，商品不易断货。缺点：更新慢，价格相对较高。

3. 网上批发或代销式供应商

这是时下网上非常流行的一种商品供应方式。对于新手来说，这种方式是个不错的选择，因为所有的商品资料都是齐全的，关键看卖家如何把商品卖出去。不过，在选择上家的时候，一定要注意他的信用和商品质量，否则遇到纠纷就不好解决了。这种供应商可以做少量批发，也可以做一件代发。现在网上的这种供货商很多，可以在淘宝上寻找，也可以上阿里巴巴网或是其他一些网店货源批发或代销网站寻找，如图 1-4 所示。找到货源后，可先买少量的商品试卖一下，如果销量好再考虑增大进货量。有些卖家和供货商关系很好，往往是商品卖出后才去进货，这样既不会占用资金又不会造成商品的积压。总之，不管是通过何种渠道寻找货源，低廉的价格是关键因素之一。

代发 ××厂家香包批发薰衣草衣橱······

48小时发货

××原木抽纸6包/提纸巾软包餐巾纸······

一件代发　48小时发货　15天包换

图 1-4　阿里巴巴一件代发产品

任务二　网店的申请与开通

在对网店进行定位之后，需要在相关网店平台申请并开通店铺，接下来我们还需要了解网上店铺如何注册，确定店铺名称，并完善店铺信息。下面以开通淘宝店、天猫店、拼多多店为例进行讲解。

一、开通淘宝店

淘宝网是国内最大的 C2C 电子商务平台，是亚太地区较大的网络零售平台，由阿里巴巴集团在 2003 年 5 月创立。淘宝网是深受欢迎的网购平台，聚集了大量的网购用户，加之较低的开店门槛，使之成为开店的重要平台。

（一）淘宝店开店条件

（1）一张没有注册过支付宝的身份证，且一个身份证只能开通一家店铺。

（2）一个电子邮箱，且以前没有被注册使用过。

（3）能够开通网上银行的银行账号。

（4）申请人必须年满 16 周岁。

开网店也需办理工商登记

（二）淘宝店开店流程

（1）进入淘宝网，点击登录，登录你的账号密码，如图 1-5 所示。如果没有账号，可以立即注册，注册页面如图 1-6 所示。

图 1-5　登录页面

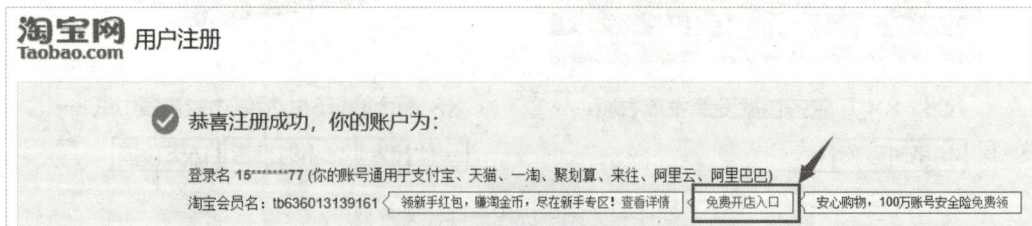

图 1-6　用户注册页面

（2）用户登录后，接下来可以在首页导航栏选择"免费开店"，或者千牛卖家中心的"免费开店"，两个按钮任意点击一个，即可以申请淘宝免费开店，如图1-7所示。

图1-7　免费开店按钮

（3）点击免费开店后，就进入图1-8页面，该页面可以根据自身情况选择企业和个人两种身份中一种，个人身份点击"个人开店"进入图1-9，申请个人身份证验证和人脸认证。

图1-8　不同身份卖家开店申请

图1-9　个人开店认证申请

（4）个人身份证和人脸认证申请后，跳到千牛页面，如图1-10所示。在该页面进行支付宝和实人认证，在此阶段前没有支付宝的店主需要首先注册支付宝，才可以进行支付宝认证。

图1-10　支付宝和实人认证

（5）支付宝和实人认证完毕后，就开店成功了，如图1-11所示。卖家就可以发布商品，获得更多精准客户了。

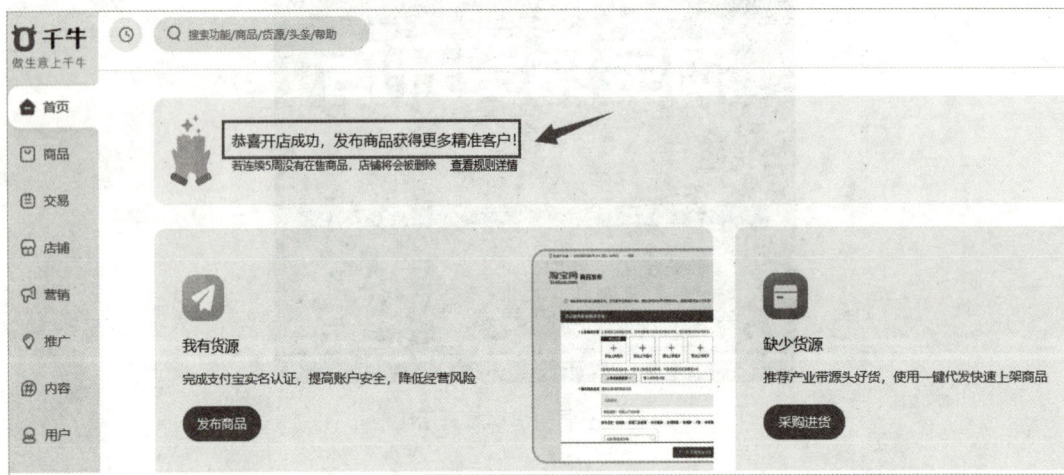

图1-11　开店成功

二、开通天猫店

"天猫"（英文是Tmall，亦称淘宝商城、天猫商城），原名为淘宝商城，是B2C模式的电子商务平台，是一个综合性购物网站。天猫整合数千家品牌商、生产商，为商家和消费者提供一站式解决方案。天猫开店要具备企业资质及品牌注册证明等，如图1-12所示。

图 1-12　天猫商城

（一）天猫店申请资格

（1）注册资本不低于人民币 100 万元（此条件不是所有类目都适用）。

（2）需具备一般纳税人资格。

（3）提供商标注册证（R标）或授权书。

（4）提供营业执照。

（5）所有提交资料需要加盖开店公司公章（鲜章）。

（二）天猫店开店流程

（1）入驻申请阶段。申请入驻企业需是合法登记的企业用户，不接受个体工商户、非中国企业，入驻企业准备的资料需加盖开店公司公章（鲜章）。在入驻申请页面选择店铺类型、品牌、类目，填写品牌信息和企业信息，为店铺命名。

（2）审核阶段。天猫会评估申请入驻企业和品牌的实力，授权生产、经营范围，产品安全性等资质，审核周期为 3~6 个工作日。

（3）完善店铺信息阶段。店铺第二阶段的审核完成后，进入签署协议，规则考试，完善店铺信息阶段。在该阶段，店主还需要填写手机号码及邮箱，完成支付宝实名认证，以及在 15 天内完成保证金、技术服务年费的缴存。

（4）开店阶段。在该阶段，店主可以发布商品，装修店铺以及上线店铺。

三、开通拼多多店

拼多多是电商后起之秀，成立于 2015 年 9 月。截至 2020 年底，拼多多年活跃买家数达 7.884 亿元。

（一）拼多多店开店资格

（1）个人入驻：只需要身份证，保证金（视类目而定，一般是 2 000 元）。

（2）企业入驻：分为旗舰店和专营店。

①旗舰店基本条件：

公司营业执照全套资料（营业执照正副本、税务登记证、组织机构代码证）。

对公账户开户许可证。

品牌商标注册证或商标受理书（TM标）。

保证金（视类目而定）。

②专营店基本条件：

公司营业执照全套资料（营业执照正副本、税务登记证、组织机构代码证）。

对公账户开户许可证。

保证金（视类目而定）。

（二）拼多多店开店流程

（1）首先打开拼多多官网，点击商家入驻，如图 1-13 所示。

图 1-13　商家入驻

（2）境内商家输入电话号码，设置密码，输入手机验证码后，点击"0 元入驻"，即可申请成功，如图 1-14 所示。

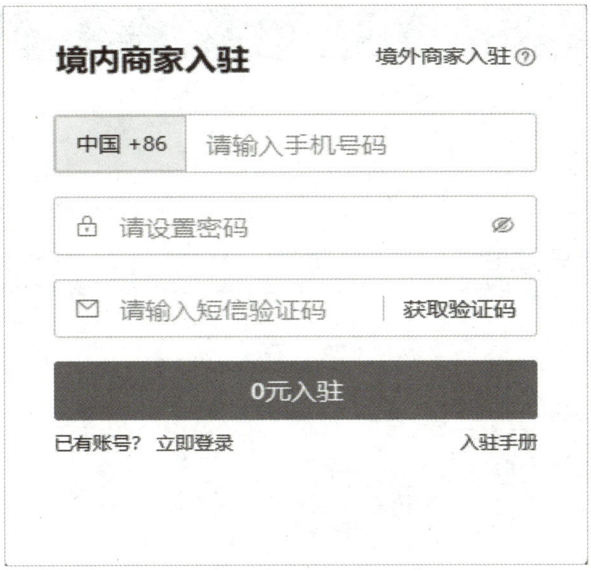

图 1-14　手机注册

（3）完成手机号码注册后，进入下一步，选择店铺类型。店铺类型分为普通入驻（针对境内注册的企业或个人）和一般贸易入驻（针对境内注册的企业，仅售卖完税一般贸易进口商品），如图 1-15 所示。

图 1-15　店铺类型选择

（4）店铺类型选定后，输入店铺信息，如图 1-16 所示。

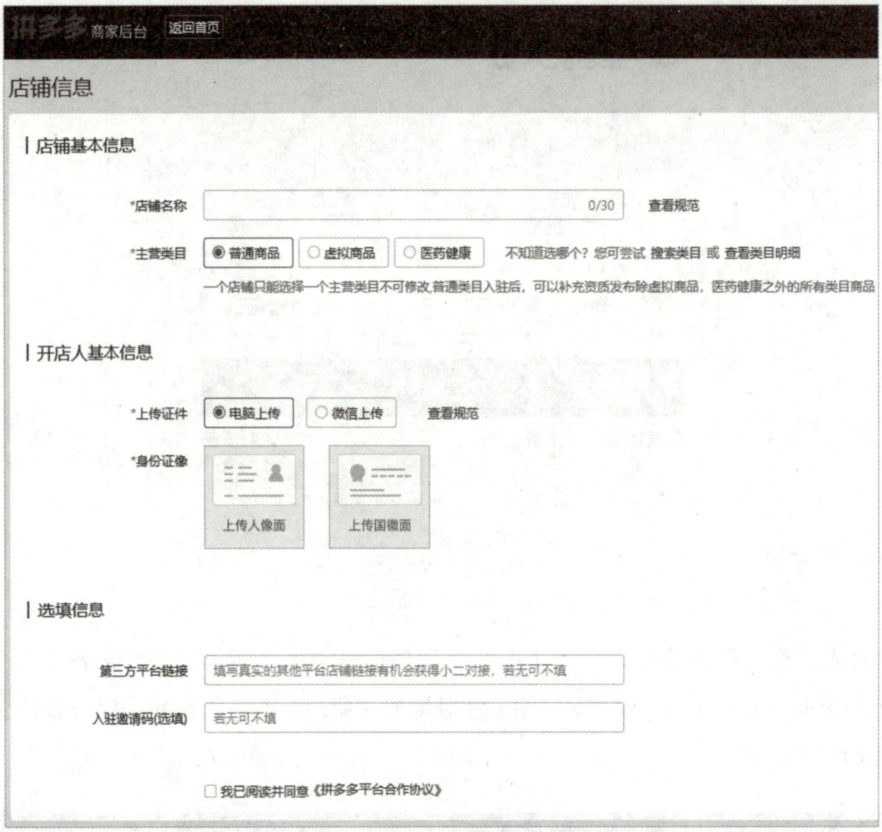

图 1-16　店铺信息

具备申请资格的申请人，在完成上述步骤后，可以着手装修店铺，上传产品，然后开设店铺运营。

案例延伸

韩都衣舍品牌精准定位，称霸互联网品牌服装

当人们都在吐槽"代购"的时候，很多人没有想到，有一个人所共知的品牌，起家正是源于"代购"。这个品牌就是韩都衣舍。

2001年，韩都衣舍只是一个在淘宝上做韩国服装的代购网店。从名字便知，韩都衣舍更像是一个渠道名，而非品牌名。然而，不甘心只做"代购"的韩都衣舍，于2008年开始自建品牌。短短8年，目前其旗下品牌数量已达18个，在淘宝网、天猫商城、京东商城和唯品会等综合性平台，连续三年排名第一。从2008年到2014年间，韩都衣舍的销售额增长了500多倍，已经从年入300万元的小企业转身成为年入16亿的电商黑马，到2020年年销售额突破100亿元。

无论背后的故事怎样，我们都不可否认，韩都衣舍用短短十几年的时间走完了传统品牌需要几十年才可以走完的路程。诚然，这种"弯道超车式"的发展，背后是互联网服装

品牌与传统服装品牌较量的结果。

那么，在与传统服装品牌较量的过程中，以韩都衣舍为代表的互联网服装品牌是如何制胜的呢？

定位精准：从品牌主导到消费者主导

韩都衣舍创始人赵迎光在一次接受媒体采访时这样透露："对互联网品牌来说，最重要的是定位精准，这也是和传统品牌最大的区别。传统品牌需要泛大众化，定位要模糊，不能太精准。而互联网品牌一定要定位精准，我们是将线下的市场细分，最终由一个个小众市场汇聚成一个大的市场。"

这一点，貌似是赵迎光成功的关键经验。早在做服装代购时，他就灵活掌握了这一招。

那会因为人手不够，赵迎光到山东工艺美术学院等学校先后招了40名学生（一半是学服装设计的，一半是学韩语的）。具体的做法是，他们从韩国服装类网站找到3 000个品牌，然后筛出1 000个来，每个学生负责25个，每天从25个品牌里选8款商品放到淘宝上去卖，卖出去之后就到韩国网站下订单。表面上看，这只是一种"筛选＋优化"的工作，但背后却是对消费者精准定位的销售逻辑。

这一技巧，如果上升到行业变化来说的话，就是从品牌主导到消费者主导的转型。而这恰恰是互联网品牌相较于传统品牌的本质区别。

模式：聚焦产品，买手制快速反应

据了解，一款产品从设计到上架，在传统时装界需要6~9个月，而互联网品牌每天都上新款，韩都衣舍每天的新款达七八十种。

产生这么大差别的背后，其实是不同模式的速度的反映。

据悉，ZARZ有400个买手兼设计师在全世界挑选衣服。设计师和市场专家、进货行家确定产品最后的设计方案，以及投入生产，而门店的服装搭配则在店长这一端。但在互联网平台，买手和店长合二为一，做商品页面的人既是买手也相当于店长，负责开发产品，也负责搭配服饰、寻找卖点进行销售，并决定在网上卖什么价钱，根据天气的变化来打折、促销。一个是冗长的"流水线"，一个是灵活的"自经营"。

"传统品牌花大量的精力做渠道建设和扩张，而我们则不需要做渠道。精力都集中在产品上，包括产品本身的设计、网站的视觉传达及服务。"赵迎光说。

简单地说，互联网大大地减少了信息的不对称，缩短了时间和渠道成本。

韩都衣舍的成功，某种意义上说是淘宝品牌的成功

从"代购"到"品牌"，韩都衣舍都离不开一个平台——淘宝。一直以来，凭借淘宝（后来又入驻天猫）的平台优势，韩都衣舍能够轻易地找到用户和完成交易，这对于一个互联网服装品牌而言，是非常便利的。要知道，服装品牌最关键的是渠道，即便不是像传统服装企业那样铺线下渠道，不仅要建一个官网，还要考虑流量、支付等环节，也都是非常重的一个"活计"。

因此，短短7年间，韩都衣舍除了入驻淘宝、天猫，还入驻了其他大的电商交易平台，而且其旗下的男装、女装等原创品牌服装的交易额都蝉联各大电商平台前列。

所以，对于互联网服装品牌而言，天猫之类的第三方平台的发展显然对其有非常大的作用，而入驻的互联网服装品牌的发展，同样会对平台产生反作用。

把握大数据

赵迎光是一名"数据控"，他认为，大数据是传统服装企业没有的优势。"比如一款卖出去10件的上衣和卖出去两件的上衣，你能说前者就卖得更好？我们能够通过页面浏览量来进行比对，有可能100个顾客浏览前者后才买了10件，但是有5个顾客浏览后者后就买了两件，这说明后者才是最受欢迎的，而这个数据是传统企业无法掌握的。"他说。

韩都衣舍秉持的是一种"快时尚"的理念，只做站在潮流前列的服装。赵迎光说："虽然我不是很懂时尚，但有300个团队和大数据支撑，我们足以发现潮流的方向，参与并引领这种潮流。这是互联网时代大数据的一大优势。"

"阿米巴"小组管理制

韩都衣舍最出名的当属以小组制为核心的管理模式，即稻盛和夫讲的"阿米巴"。

据了解，在韩都衣舍，有200个产品小组，每个小组由三人组成，包括一个设计师（选款师）、一个页面制作、一个是订单维护。韩都衣舍的每一款单品，从设计到拍摄、再到销售，都是由一个小组来完成的。

围绕着小组制，韩都衣舍的整个管理架构分为三层，一是与品牌相关的企划、视觉、市场部门；二是IT、供应链、物流、客服等互联网支持部门；三是人力、行政、财务等行政支持部门。整个公司的核心是产品小组，而市场、企划、设计、客服、行政、财务等部门全是小组的支持部门。在每个产品小组里，责、权、利完全统一，也高度自主。每个小组对于产品的款式、定价、生产量全由自己决定，但同时小组的KPI与销售额、毛利率、库存周转率相关。也就是说，小组业绩越好，组员的收入越高。因此，小组的组长必须以老板的思维方式去看数据，从而制定产品策略，并关注毛利和库存指标。

某种意义上说，韩都衣舍的"阿米巴"模式，有点像腾讯的内部竞争制。

值得注意的是，韩都衣舍曾发起过一场"维新运动"，不仅持续在其天猫商城官方旗舰店"不卖货"，还贴出满屏的态度性宣言——直指优衣库、H&M、ZARA等知名服装品牌。显然，这是韩都衣舍发起的一起"大战"。不过，除了营销噱头之外，这也反映了行业领域的侵蚀正在不断加剧。互联网正无孔不入地入侵传统行业，传统行业亦在努力互联网化。

韩都衣舍曾在天猫平台举办"超级大牌日"，旗下20多个品牌有万款上新。显然，如此规模的活动，应该也只有互联网模式下的服装品牌能够做到，对于传统服装企业而言，是可望而不可即的。

（资料来源：赢商网，2015.08.05）

项目检测

一、单项选择题

1. 下列电子商务业务模式属于淘宝网店的是（　　　）。

　　A. B2B

　　B. B2C

　　C. C2C

　　D. C2B

2. 2019 年 1 月 1 日起，《中华人民共和国电子商务法》正式实施，该法规要求开网店（　　　）。

　　A. 需要办理，个别情况除外

　　B. 不需要办理

　　C. 是否需要办理取决于经营类目

　　D. 是否需要办理看卖家个人意愿

3. （　　　）适合网店销售。

　　A. 体积较小的商品

　　B. 附加值较低的商品

　　C. 具备独特性或时尚性的商品

　　D. 虚拟商品

4. 天猫开店的条件不包括（　　　）。

　　A. 需具备小规模纳税人资格

　　B. 提供商标注册证（R标）或授权书

　　C. 营业执照

　　D. 所有提交资料需要加盖开店公司公章（鲜章）

5. 个人入驻拼多多平台的条件不包括（　　　）。

　　A. 身份证

　　B. 保证金

　　C. 品牌商标注册证或商标受理书

　　D. 以上全不对

二、判断题

1. 开网店的输出调查有实地调查和网络调查两种。（　　　）

2. 网店的竞争对手有现有竞争对手和潜在竞争对手。（　　　）

3. 线下批发市场不是网店的货源。（　　　）

4. 申请淘宝开店必须年满 18 周岁。（　　　）

5. 天猫是 B2C 类型的电子商务平台。（　　　）

三、简答题

1. 网店市场定位有哪些步骤？

2. 网店产品市场定位的方式主要有哪些？

四、趣味挑战题

假设你要创设一个网店，在创设网店之前，试着选定你要经营的商品，并确定货源渠道。

扫码看答案

实训拓展

1. 实训名称

创设你的店铺。

2. 实训目标

让学生熟悉网上开店的流程，了解需要的软硬件条件，学会网上开店。

3. 实训要求

（1）在淘宝网注册，取得淘宝网会员资格。

（2）提交身份证明及银行账号进行支付宝认证，取得在淘宝网出售商品的资格。

4. 实训仪器

U盘、投影设备、局域网、计算机、互联网、交换机、网线。

5. 实训内容与步骤要求

（1）注册淘宝网会员

①打开淘宝首页，点击页面左上角的"免费注册"。

②进入注册页面，选择右边的"注册"。

③填写电子邮箱，输入自己常用的邮箱，方便以后找回密码。如果还没有电子邮箱，则需要预先进行注册，推荐使用雅虎和网易邮箱。

④填写将要注册的淘宝会员名，一旦注册成功，会员名将不能修改。会员名由5~20个字符组成，一个汉字为两个字符，推荐使用中文会员名。

⑤由于淘宝网的会员名具有唯一性，因此，在进行下一步操作前，先要检查该会员名是否已被注册，如果已被注册，需重新填写一个会员名，直至系统同意注册。

⑥填写登录密码，密码由6~16个字符组成，出于安全的考虑，不要单独使用数字、字母或符号来作为密码，而要使用数字加字母或符号的组合密码。

⑦确认密码，并输入验证码，勾选"用该创建支付宝账户"，如果注册成功，本次注册时所填写的电子邮箱将成为该会员名绑定的支付宝账户。

⑧同意以下协议，提交注册。

⑨登录电子邮箱，找到淘宝网发送的注册激活信息，点击相应的提示，激活该会员

名，便注册成功，此时，该会员已拥有购物资格。

（2）申请支付宝认证

①登录淘宝，进入"我的淘宝"，开始认证操作。

②找到"卖宝贝请先实名认证"，点击"实名认证"。

③点击"申请支付宝个人实名认证"按钮，进入提交认证申请页面，并同意支付宝服务协议。

④选择"通过确认银行汇款金额的方式来进行实名认证"或"通过'支付宝卡通'来进行实名认证"两个途径进行认证，在此以银行汇款方式为例。

⑤正确选择身份证件所在的真实地区，点"提交"继续。

⑥填写个人信息和银行账户信息，点"提交"继续。

⑦核对填写的个人信息和银行账户信息，确认无误，点"确认提交"保存所填的信息。

⑧认证申请成功提交，待1~2个工作日后，支付宝公司将会汇入一笔确认资金到刚才填写的银行账户里。

（3）申请支付宝认证

①查看支付宝公司打入填写的银行账户里的金额数（1元以下），此金额即为认证的验证码。

②登录支付宝账户，进入"我的支付宝"点击"申请认证"。

③输入收到的准确金额，点击"确定"继续完成确认，两次输入失败后则需要重新提交银行账户进行审核。

④输入的金额正确后，系统即时审核填写的身份信息，两秒钟后，即通过支付宝实名认证，获得认证标识。

6. 考核标准或评价

（1）实训后，学生将实训结果等内容写入实训报告。

（2）指导教师对每份实训报告进行审阅、评分。

（3）该实训课程是对理论教学内容的应用与验证，实训课的成绩记入课程平时成绩，占总成绩的20%。

项 目 二

网店装修

知识目标

1. 了解网店装修的基本步骤。
2. 了解网店首页设计的基本知识。
3. 了解网店落地页设计的基本知识。

能力目标

1. 掌握店招、促销区的设计要素。
2. 掌握网店装修的添加方法。
3. 能够根据店铺分析、制定网站装修方案。

思政目标

1. 树立脚踏实地、爱岗敬业的工作观念。
2. 树立网店装修知识产权保护意识。

思维导图

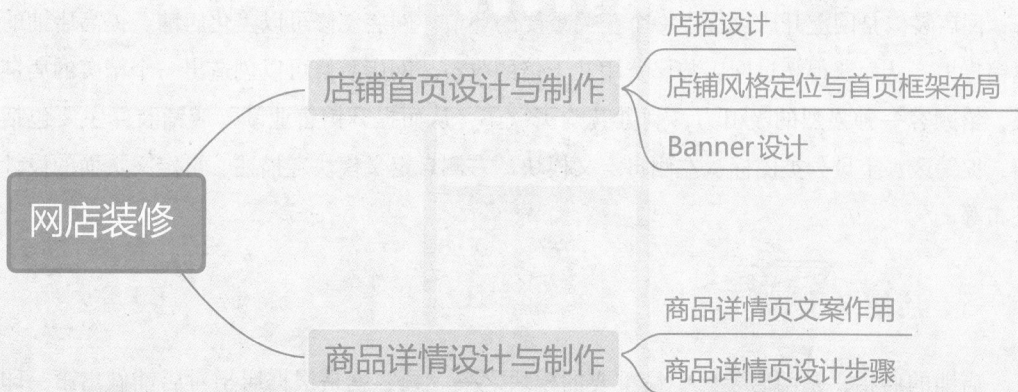

店铺首页设计与制作
- 店招设计
- 店铺风格定位与首页框架布局
- Banner设计

网店装修

商品详情设计与制作
- 商品详情页文案作用
- 商品详情页设计步骤

案例导入

"三只松鼠"网店装修设计

　　相信爱吃零食、干果的人都应该听过"三只松鼠"这个零食品牌。对于消费者来说，关心的可能是其产品的好坏，可是对于网店运营人来说，关注的是"三只松鼠"店铺是如何运营的。本案例从"三只松鼠"店铺装修的角度进行解读。

　　"三只松鼠"的品牌Logo是以三只松鼠扁平化的萌版设计为主体，给人最深刻的印象便是"贱萌"。同时，还为每只松鼠圈定了不同种类的代言产品，而且每只松鼠都有自己可爱的名字和鲜明的性格。目前，"三只松鼠"在淘宝、天猫、当当、一号店等大型电商平台都开设了自己的官方店铺。

　　"三只松鼠"在店铺装修上人格化品牌形象。人们对"三只松鼠"的印象可能就是那三只松鼠吧——鼠小贱、鼠小酷、鼠小美，这三只可爱的松鼠会给顾客留下难以忘记的印象。这三只萌萌的松鼠赋予了品牌人格化，让人们感觉像是主人和宠物之间的关系，这样替代了顾客和商家的身份，拉进了顾客和商家的距离。而客服则是以松鼠的口吻和顾客对话，形成了良好的沟通关系，客服可以撒娇，可以通过独特的语言给顾客留下生动的印象。这样的策略，形成了"三只松鼠"的品牌，让品牌不再那么高高在上，而是给人以亲切、真实的感觉，增强了用户体验。

　　那么，你认为店铺装修应考虑哪些方面？

（资料来源：搜狐，2018.05.24）

任务一　店铺首页的设计与制作

网店装修是网上开店过程中一个至关重要的环节。网店装修可以美化店铺，提高店铺的视觉销售力，从而获得超过网店装修费用几十倍的收益。网店装修可以创造出一个精美的店铺形象，给顾客一种强烈的吸引力，刺激其购买欲望，从而提升销售业绩。店铺装修主要包括店招、促销区、宝贝分类图标、左侧自定义模块、右侧自定义模块宝描述、自定义页面的设计和发布等。

一、店招设计

店铺的店招，是网店装修中最重要的模块之一。顾客就是根据店招对店铺做出第一印象判断的，因此店招是顾客建立认识的第一步。店招是卖家展示自身店铺名称和形象特点的重要途径，可以由文字和图案组成，表现方法十分灵活。但网店店招的表现形式和作用与实体店铺有一定的区别，实体店铺的店招作用往往体现在拉来顾客上，因为实体店铺的店招是直接面对道路的。而网店店招的作用主要体现在留客的环节上，因为网店的店招并不直接面对"网络街道"——搜索页面，只有当顾客进入了店铺之后才可以看到店招。因此，在设计网店的店招时，要更多地从留客的角度去考虑。现在店铺店招的装修与设计，不外乎两种。

店招的展示形式为静态图片与动态图片，静态图片的最佳尺寸是 950×120 px。不同的装修展示形式具有不同的制作效果，如静态图片，其展示的形式比较自主和简单，可以用简单的图片设计制作而成。也可以通过代码等形式展示店招内容，而编写代码的形式可以使店招更加丰富和多样化，如可以在店招中添加爆款商品，购物车等快捷窗口。静态店招表现形式如图 2-1 所示。

易充宝充值专营店
为您的流量保驾护航 自动充值 快速到账

图 2-1　静态店招

动态店招主要使用的是图像互换格式（Graphics Interchange Format，GIF）动画，其表现手法生动活泼，也可以通过 Flash 动画形式来展示。动态店招表现形式如图 2-2 所示。该店铺的 24 小时充值形象就是通过 GIF 动画制作而成的。

一般默认的店招表现形式为"背景图片＋店铺名称"，这种设置非常简单，其中的背景图片不但可以更换，还可以使用店铺默认的招牌背景图片。因此很多卖家会选择简单的店招形式来表现店铺的吸引力。

图 2-2　动态店招

二、店铺风格定位与首页框架布局

（一）店铺风格定位

因为每个人的喜好不同，所以网上有不同风格和类型的店铺。每一位卖家不可能同时满足每人的需求，因此需要对目标市场进行分析，确认自己需要服务的对象属于哪一类人群，他们的喜好和风格是怎样的，然后根据得出的结论选择上架合适的商品。店铺风格怎么定位是各位运营人员都必须先搞明白的。网店装修首先要确定店铺的整体风格，卖什么产品就用什么风格，不然会给人一种不伦不类的感觉。另外，网店的各个页面、元素最好也保持相同的风格，才能使网店有整体感。

（1）网店设计风格要与主营产品相符。针对不同的消费群体有不同的主题模板，对于服装类店铺来说，一般插画风格、时尚可爱等风格适合女装类店铺。而黑白搭配、有金属质感的设计风格更适合男装店铺。童装店适合卡通风格。

（2）合理使用色彩。除了风格，色彩的选用也很重要。给店铺选择合适的色彩不但可以提高顾客的购买力，同时也可以提高商品的水准。暖色系一般来说容易让人产生亲近之感，如红、黄等色，比较适合年轻阶层的店铺。同色系中，粉红、鲜红、鹅黄色等是女性喜好的色彩。冷色系有端庄、肃穆的感觉，适合高档商务男装店铺使用。同时，在夏季为了再现山峰、海涛的感觉，使用冷色系，可以产生清凉感。

（3）网店的整体风格要一致。从店标的设计到主页的风格再到"宝贝"页面，应采用同一色系，最好有同样的设计元素，让网店有整体感。在选择分类栏、店铺公告、音乐、计数器等东西的时候要有整体考虑。一会儿用卡通人物、一会儿用浪漫温馨、一会儿用搞笑幽默，会给人一种分裂感，风格不统一是网店装修的大忌。

（4）背景音乐的利弊。加背景音乐其实是个很有争议的问题。有的客户会因为喜欢你的背景音乐频繁光顾你的店（或宝贝），而有的客户则是刚进门就被你的音乐吓跑了，再也不来了。还有，如果音乐文件过大，会让页面打开速度变慢。所以选择的背景音乐最好体积小一些。

（5）主题突出。店铺装修得漂亮，确实能吸引买家的眼球，但要清楚一点，店铺的装饰别抢了商品的风头，毕竟装修店铺的目的是为了卖产品而不是秀店铺，弄得太多、太乱反而影响商品效果。

（6）避免使用太多的图片。新手卖家会觉得图片越多店铺越好看，其实，这是一个误区。而且，图片太多、质量太高会影响页面打开的速度。

（二）首页框架布局

　　网店的独立访客（Unique Visitor，UV）大部分是通过单品页进入店铺的，而单一的页面跳失率又很高，再加上引入UV的成本高，因此卖家想向消费者展示更多的东西，就需要做个流量的循环（由单品页、首页、分类页所组成的一个封闭的"圆"，让消费者在这个"圆"里无障碍跳转），从而降低店铺的跳失率，以提高店铺的成交额。这时，店铺首页就成了一个很好的载体。

UV、PV、展现量和跳失率

　　许多新手在店铺装修时，都将装修重点放在详情页面上，却忽略了首页的布局优化，认为只要将商品按照类别简单堆积好就可以了。要知道，一个不花心思设计的首页是无法吸引消费者目光的。

　　网店首页是个寸土寸金的地方，优秀的网店首页设计，可以让用户尽快找到自己喜欢的商品，并且有兴趣去看单品页内容，如图 2-3 所示。因此，一定要重视首页装修，并掌握一定的装修技巧。

图 2-3　某茶首页

　　首页布局装修最重要的地方就是前三屏，"第一屏"指的是店铺首页电脑视图呈现给消费者的第一屏幕，也就是消费者在不用滚动条的情况下能够看到的浏览画面。每滚动一次鼠标滑轮就是一屏，以此类推为"第二屏""第三屏"……如果网店产品不多，做好前三屏就足够了，首页太长反而会影响网页打开的速度。下面，我们就来介绍一下首页装修的技巧。

1. 淘宝店铺首页第一屏：画龙点睛

第一屏的装修要点在于给消费者留下深刻的第一印象，通过第一感官抓住消费者的眼球，只有这样，消费者才会继续看下去。第一屏的主要内容一般为店招、导航栏和滚屏海报等。

（1）店招，简约不简单。店招信息不宜过多，应以品牌为主，结合店铺经营类目、品牌调性、总体套色等几方面进行设计。

（2）导航栏，清晰明了。首页的作用是将流量合理地分配给主推的产品详情页，引导消费者找到所需商品，并最终完成订单。因此，导航栏在首页中的主要作用就是分类引导。

需要注意的是，按照消费者的观看习惯，导航栏中从左到右的前三个区块是重中之重，消费者看得最多的就是前三个区块。因此，店铺装修要将希望消费者点击的页面链接放置在前三个导航区块内。

如果三个不够，你有更多不想舍弃的区块内容想要展现给消费者，那么可以尝试用一些小而精的图标、标签或较亮的颜色将其做出区别，引起消费者的注意。但是要注意，导航栏的信息区块尽量不要多于八个。

（3）滚屏海报，呼之欲出。滚屏海报就是"视觉炸弹"，要给消费者眼前一亮的感觉，滚屏海报的数量以三张为宜，做到丰富内容的同时，又在消费者阅读新鲜感和视觉耐性范围内。滚屏过多容易失去吸引力。

2. 淘宝店铺首页第二屏：各显神通

第二屏信息通常为店铺活动或商品主推，可以根据自身产品的特色，选择多个活动点各显神通。排版不要用单一刻板的画面排列，而要尽量让活动内容丰富多彩，能够让消费者迅速找到自己关注的"热点"。

第二屏的产品推荐中，要对商品卖点及功能进行提炼展示，而不是铺货展示，缺乏亮点就会浪费绝佳的展示机会。

3. 淘宝店铺首页第三屏：琳琅满目

第三屏一般用来全面展示产品分类。因此，首页第三屏设计要根据自身情况来定。分类展示不需要用固定的格式，可以根据店铺营销需求及自身产品的特色进行设计。可适当增加活动、价格优惠等内容，以提高消费者的购买率。

三、横幅设计

在网店网页设计过程中，横幅（banner）图片面积最大，占据位置最明显的区域，甚至可以说一个网站的好看与否就取决于banner的设计。

（一）主流 banner 的主要尺寸种类

（1）显示位置的尺寸是固定的，如 1200×560 px 和 1200×360 px。

（2）显示位置是居中的，如 1920×560 px，其实主题显示的内容是 1200×560 px，用这种尺寸只要是正对大屏的显示器，两边就不会显得很尴尬，也是现在常用的尺寸。

（3）显示位置是整个屏幕，比如 1920×1000 px banner 的设计和海报设计其实可以统称成一样，设计的原理还是相同的，只是 banner 要考虑整体网站的结构，是否协调，设计上相对平面设计要简单很多。

（二）Banner 设计的重点

Banner 设计的重点主要是版面的排版，常用的 banner 排版有以下几种。

（1）居中型。无论是文字还是图标、图形，都居中显示在中心部分，这种设计对于宽度不宽，但是有点高的海报比较合适。如果是网页 banner 就要考虑背景图片和元素的融合，因为不能让元素占满整个空间，如图 2-4 所示。

图 2-4   居中型 Banner

（2）两端对称型。文字、图片等元素相对，整体上显得整齐、对称，如图 2-5 所示。

图 2-5   两端对称型 Banner

（3）叠加型。主要是元素背景和文字信息之间有个层叠的效果，通过阴影、底纹，将整体风格表现出视觉上的立体感，如图 2-6 所示。

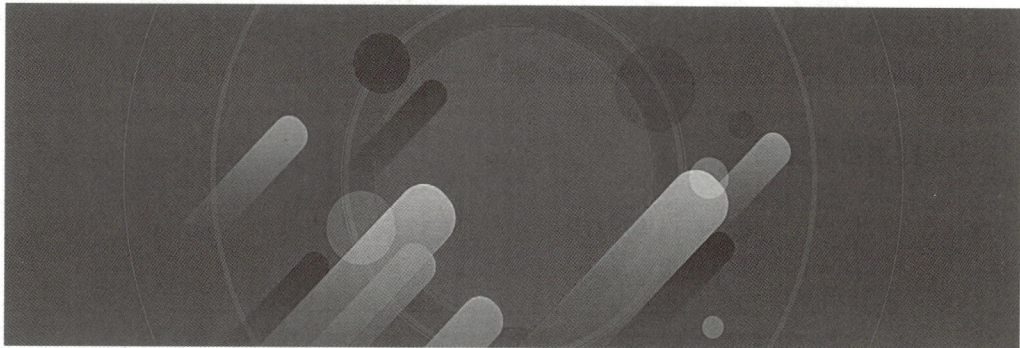

图 2-6 叠加型 Banner

任务二 商品详情页的设计与制作

一个好的详情页，可以提高商品的支付转化率，并且可以让客户更好地、更详细地了解商品。对于顾客来说，在店铺看见一个商品，点击进去的画面就是商品的详情页面，页面一边包含商品的大图和商品的详细介绍。商品详情页包括商品最详尽的介绍内容，往往涵盖大量信息，非常考验文案创作者的能力。详情页主要用于商品信息的表述，商品详情页设计要具有吸引力，让消费者看了有购买冲动。所以，明确消费者的购买意图，厘清其购买逻辑，是详情页文案创作者首先要做的事情。

一、商品详情页的作用

（一）介绍商品信息

用户购买商品，首先需要初步了解商品，可以制作一个商品信息表，如服装信息表，可以有面料、尺码、颜色、身高、体重范围等。商品信息表做得越完整，越能让用户更细致地了解商品，也减少了售前客服咨询的工作量。

（二）给出购买理由

在用户初步了解了商品信息后，商家就需要展示商品的优势，给出核心卖点。这个核心卖点必须是和核心属性紧密相连的，可以从商品细节上激发用户购买兴趣。商家若是不清楚要选择哪个卖点，可以从买家反馈评论、咨询客服的高频问题、竞品分析等途径确定最终卖点。

（三）提升信任感

商品的品质是用户最关注的，提升用户对商品的信任感有多种方式，如展示店铺——品牌是十年老店，展示商品资质证明，晒出买家好评，商品对比图等。不过前提都是商品品质要真的好，否则即使卖出商品也有非常多的售后问题。

（四）提出售后保障

在详情页的最后，一定要给出售后保障。一旦有"七天无理由退换""运费险""质保三年"等保障，就能让用户降低购买顾虑，加快下单的速度。

二、商品详情页的设计步骤

商品详情页主要是通过文字、图片等元素全面地展示商品的功能、特性，以及销售、物流、售后等方面的信息，从而增加消费者对商品的兴趣，激发消费者的潜在需求，引导消费者下单。

（一）产生共鸣，激发购买欲望

一般我们细看商品详情页的时候，都是带着某种需求来买东西的。

如果在一开始，你就点明了客户的问题，并且提出了解决方案，多数客户就会产生共鸣，并且愿意接着往下了解。一般来说，激发购买欲望有以下三个步骤。

1. 场景共鸣

用图形或文字方式再现客户面临的需要改变的各种场景，对症下药。

例如，我要买一个电脑增高架，如果点开详情页首先看到的是这样的图片，我就会觉得没有来错，这个产品可能会解决我的问题，如图2-7所示。

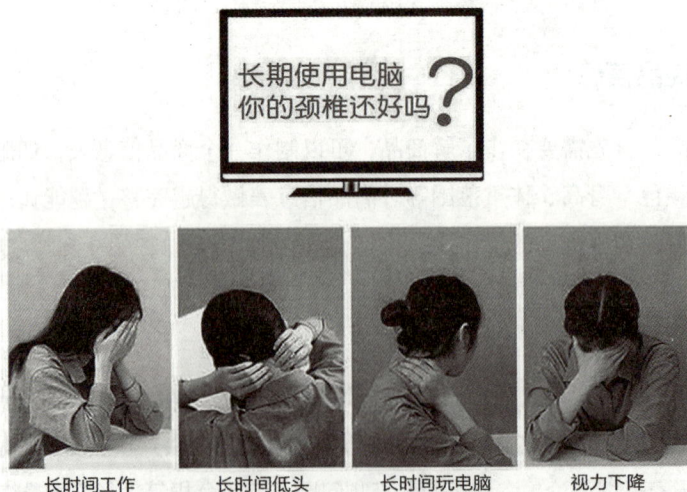

长时间工作　　长时间低头　　长时间玩电脑　　视力下降

图 2-7　场景共鸣

2. 恐怖营销

如果不立刻采取购买行动，可能会引发更大的困扰。也许我只是抱着先来看看的心理，并没有着急购买。那么，你就要在场景共鸣之后，给客户一个非买不可、越早买越受益的理由，常见的就是恐怖营销。

例如，如果现在不买，颈椎可能会出现问题……，如图 2-8 所示。

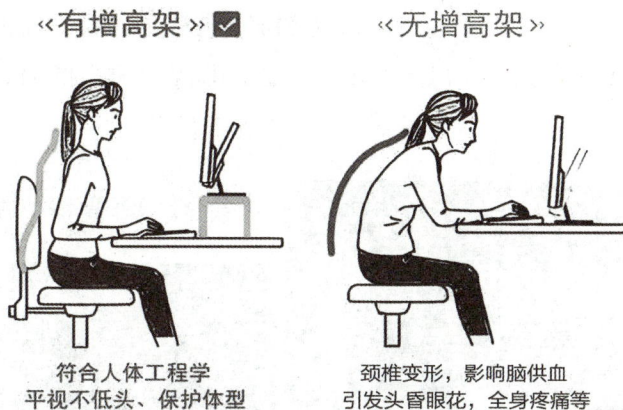

图 2-8　恐怖营销

3. 明确商品带来的改变

激发兴趣之后，就要呈现商品带来的直观效果，如形象更美了，桌面更整洁了等。

这一步一般来说是对卖点的总结，除了直接卖点之外，要带上其他附加优势，以便接下来分类介绍，如图 2-9 所示。

图 2-9　产品带来的改变

（二）介绍商品优势，引发信任

这一步骤的主要目的就是说服购买：现在同类商品很多，我为什么一定要选择你们？你们究竟好在哪里？

1. 产地、原料优势

对于食品和加工类商品来说，产地和原料很重要。在强调产地和原料优势的时候，最好能有照片或视频佐证。要不断挖掘，看看能不能和那些已经有口碑的产地或原料产生联系。如果实在没有，你也可以把自己家的工厂拿出来着重介绍，贵在真实和可信，让消费者放心，如图 2-10 所示。

图 2-10　产地优势

2. 工艺、加工制作优势

例如，食品类商品的制作过程、配方、各种原料占比多少，越详细的数据越能让人感受到这个产品的用心，进而提升信服力，如图 2-11 所示。

图 2-11　工艺优势

在科技领域，商家也会强调"原料、工艺"的优势，只不过专业度比较高，不像食品快消品那样更容易懂，有时还需要文案来解释说明。在强调商品的加工、工艺优势时，经常会用到FAB法则，即属性（Feature）、作用（Advantage）、益处（Benefit）的法则。

FAB法则

3. 用事实证明

口说无凭，如果能用事实或数据来证明，那便有说服力。

例如，表现挂钩吸力强，可以直接挂大米或桶装水，甚至直接挂一个人。总之，要把卖点变得具体化，如图2-12所示。

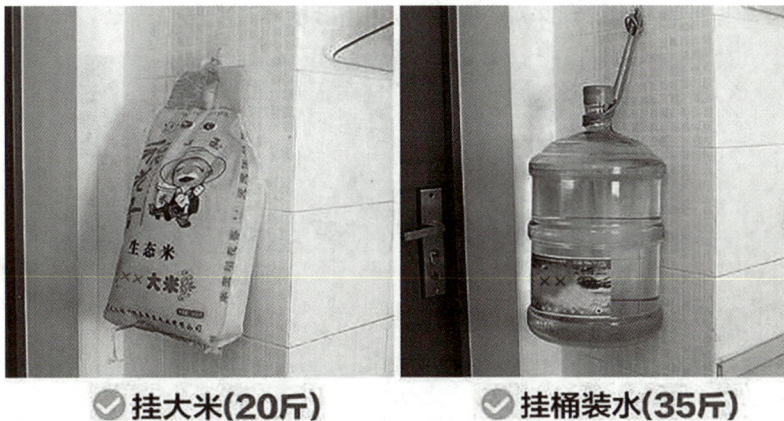

图 2-12　用事实证明

（三）商品、品牌背书，打消顾虑

如果始终是卖家自说自话，还是会让人怀疑有"王婆卖瓜，自卖自夸"的嫌疑。这个时候，有来自第三方的背书就显得更有可信度了。一般来说，商品或品牌背书的方法有以下两种。

1. 畅销证明

利用从众心理营造热销的现象，从而说服购买。例如红豆奶茶销量的展示，如图2-13所示。

图 2-13　畅销证明

2. 消费者证言

消费者一般分为三类：普通消费者、关键意见领袖（Key Opinion Leader，KOL）、专业人士。消费者证言相应的分为普通消费者好评、KOL推荐和权威专家背书。正面的消费者证言对于提升消费者对店铺和商品的信任，促进消费者购买都有积极的作用，如图2-14和图2-15所示。

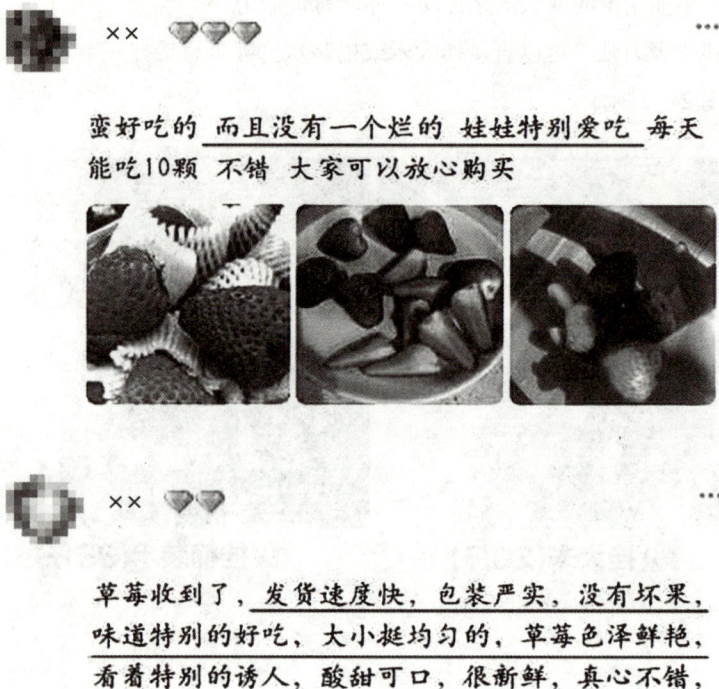

图2-14　普通消费者好评

图2-15　权威专家背书

（四）售后服务，督促尽快购买

售后服务主要是为了打消消费者的担忧，让消费者更放心地付钱。

1. 延长退换货时间

一般电商平台都是7天无理由退换，但是如果你是14天，或者30天无理由退换，无疑比竞品更有优势，这个方法适用于大件、不易损坏的物品，如厨具、家具家电等，如图2-16所示。

图 2-16　延长退换货时间

2. 做出 × 年只换不修 / 假一赔 × / 无效包退等承诺

承诺的具体时间可以根据商品的实际使用寿命制订，把成本控制在可承受的范围之内。

这个方法适用于成本低、技术成熟的小件物品，即使过几年坏了，一般也不会想起来去退换，但是在购买的时候，这个保障能让消费者更放心，如图 2-17 和图 2-18 所示。

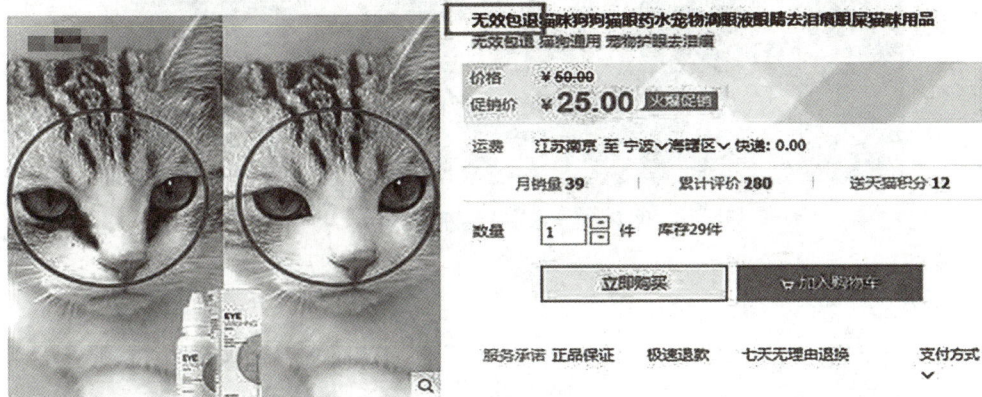

图 2-17　无效包退

图 2-18　只换不修

3. 限时限量，加送赠品

许多店铺的详情页设计有"前×名/前×分钟/×件赠品送完为止，先到先得"的字样。最好能提一下赠品的价值，让消费者觉得现在买是真的划算，消费者便会爽快下单，如图 2-19 所示。

前100名付款送

价值1299元厨师机+价值1099元炖锅

图 2-19　某烤箱品牌详情页

4. 强调快递优势

对时效要求比较高的产品，快递的优势一定要强调，如生鲜产品，如图 2-20 所示。

■■快递
新鲜到家

运输损坏补发　　运输变质补发　　分量不足补发

图 2-20　快递优势

需要说明的是，如果某个优势特别明显，完全可以提到最前面说。无论是卖点还是服务，或是价格，都能起到吸引消费者的作用。

📖 案例延伸

网店精装修，让顾客一见钟情

实体店的装修可以提升店面形象，招揽消费者，那么在网络上开网店，也需要进行装修吗？回答当然是肯定的。网店的店铺也是需要花心思进行一番装修的。为什么需要网络店铺也需要进行装修呢？从事网店装修工作13年的杭州小伙李猛谈到如下的经验：

精心制作的网店，可以充分体现出店主的审美风格、网店的定位、商品的消费人群等方面，因此店主不要忽视了网店店铺的装修。从店铺装修风格上，消费者就可以直接确定是否符合自己的购买需求，是否对店铺的风格有认同感，这些都会成为店铺销售额的影响因素。

不管是网络店铺还是实体店铺，都需要有吸引眼球的地方，这样才能吸引顾客的到来，提升销售量。可以说，店铺装修得专业与精美，就会给人留下非常好的第一印象。

网络店主推销商品的第一步就是进行网店中的商品展示，如果装修做得好，给顾客带来了愉悦的享受，就会留住顾客，让他们有继续浏览商品信息的意愿。

网店店铺的专业形象就是通过店铺内各个栏目的设计来传达的。店主需要根据店铺销售产品的种类来确定不同的装修风格，最好是针对消费这类产品的人群来确定设计风格，这样也能投其所好。从店铺的整体色彩到色调，以及图片的风格，都要体现出店铺的专业特色，切忌使用网店模板千人一面。在店铺内将各个栏目确定好内容，比如店铺公告、店铺名称、签名等等，内容要醒目，表达要清晰，要让人第一眼就能了解含义。色彩的搭配上也是需要做一个全盘的规划。

另外，详实的商品描述是店铺内最为重要的环节，是顾客了解商品最直接的部分，因此这也是考验店铺的装修是否过关最关键的地方。网店店主还应关注商品实物图片是否展示出商品的特色，文字描述部分是否可以很好地表达出优势等方面的问题。

（知乎：2018.05.21）

🔍 项目检测

一、单项选择题

1. 淘宝店铺实际设计店招时的最佳尺寸是（　　　）。

　　A. 950×120 px

　　B. 950×150 px

　　C. 900×120 px

D. 900×150 px

2. 关于UV、PV、展现量和跳失率说法错误的是（　　　）。

A. UV统计时，一天内相同的IP只被统计一次

B. PV（Page Views），即访问量

C. 展现量指的是宝贝被买家看到的次数

D. 跳失率的统计与不访问网站人数有关

3. 售后保障不包括（　　）。

A. 买二赠一

B. 七天无理由退换

C. 运费险

D. 质保三年

4. 商品、品牌背书的方法是（　　）。

A. 消费者差评

B. 消费者好评

C. 马上下架商品

D. 马上上架商品

5. 特别需要强调快递优势的商品是（　　）。

A. 家具

B. 玩具

C. 生鲜产品

D. 书籍

二、判断题

1. 网店的UV大部分是通过单品页进入店铺的。（　　）

2. Banner排版没有叠加型。（　　）

3. 展示工艺、加工制作优势可以增加消费者对商品的信任。（　　）

4. 售后服务主要是为了打消消费者的担忧，让消费者更放心地付钱。（　　）

5. 对时效要求比较高的产品，快递的优势一定要强调。（　　）

三、简答题

1. 商品详情页的作用有哪些？

2. 简述商品详情页的设计步骤。

四、趣味挑战

选择实训中未选择的一种商品，进行整个网店装修的操作，包括店招设计、详情页设计、Bannner设计。

扫码看答案

实训拓展

1.实训项目名称

店铺首页海报设计。

2.实训目标

认识网店首页设计的重要性，了解网店首页设计的基本内容。

3.实训要求

设计一张首页海报，传达店铺的产品信息及各类促销活动。设计的海报要包括海报的组成元素，一般包含背景、产品、文案三个部分。

4.实训仪器

U盘、投影设备、局域网、计算机、互联网、交换机、网线。

5.实训内容与步骤要求

（1）自己寻找海报素材并确定海报主题。

（2）确定海报文案内容，内容中标有小清新、包邮等字样。

（3）海报背景确定，利用Photoshop对素材进行裁剪，裁出自己所需要的内容，然后完成海报的制作。

（4）将做好的海报保存为PSD格式，即图形标准差（Pattern Standard Deviation）格式，同时在PSD格式的图片上添加自己的姓名水印，防止别人盗图，但要保持图片的美观。

6.考核标准或评价

（1）实训后，学生将实训结果等内容写成实训报告。

（2）指导教师对每份实训报告进行审阅、评分。

（3）该实训课程是对理论教学内容的应用与验证，实训课的成绩记入课程平时成绩，占总成绩的20%。

项 目 三

网店基础操作

1. 了解商品拍摄的基本技巧。
2. 了解商品属性的定义。
3. 了解商品发布的步骤。

能力目标

1. 商品拍摄技巧。
2. 商品美化工具的应用。
3. 商品属性的确定。
4. 商品发布流程思政目标。

思政目标

1. 培养学生的审美观念。
2. 培养学生的团队意识。
3. 培养学生关于品牌、商标等的知识产权保护意识。

思维导图

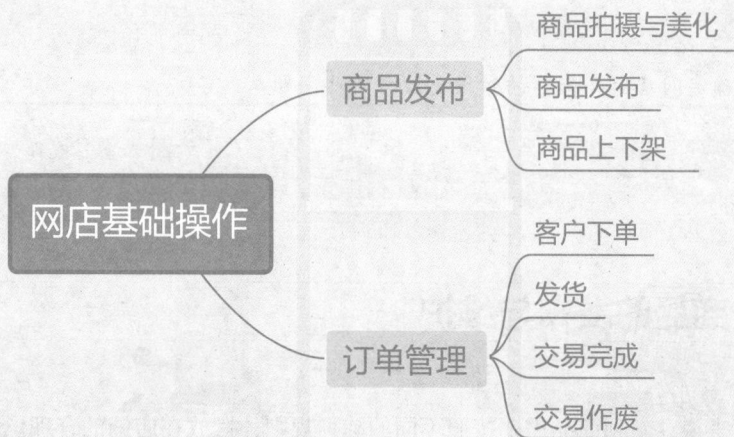

案例导入

网店商品标题被诉侵权，赔偿 540 万元

2018 年 3 月，小米公司发现在淘宝首页搜索关键词"小米移动电源"，便会展示智卉淘公司销售的涉案商品。智卉淘公司在淘宝商城上销售商品时，其"20 000M便携超薄充电宝苹果自带线小米通用 80 000 毫安迷你移动电源""科势便携超薄充电宝苹果自带线专用 200 000 大容量 10 000 毫安正品移动电源小巧式手机冲通用小型带线 MIUI"等多个"宝贝标题"，使用了小米公司的注册商标，于是小米公司将智卉淘公司告上法庭，索赔金额为 540 万元。

对该案例分析如下。

1. 涉案行为不构成商标侵权

智卉淘公司在商品标题中使用"小米"，是与其销售商品品牌"科势"及其他多个品牌字样共同使用，同时，还结合了对移动电源容量和性能的描述。消费者是否会在淘宝平台主动搜索"小米移动电源"，取决于其对"小米"品牌的认知，"宝贝标题"的内容并不会导致消费者在购物时混淆产品来源，故涉案行为并不侵害小米公司的商标权。

2. 涉案行为构成不正当竞争

智卉淘公司在"宝贝标题"中使用"MIUI"违反诚实信用原则和商业道德，具有不正当性，构成不正当竞争。智卉淘公司既不销售任何小米公司的产品，又与小米公司无其他关联，却使用"MIUI"作为商品标题，还通过购买淘宝的营销推、直通车，使小米消费者在搜索"小米充电宝"后，展示智卉淘司产品的行为，涉嫌故意攀附小米公司标识，增加其商品被搜索的可能性，使搜索"小米充电宝"的用户可以优先看到其商品，提高商品交易机会。

那么，在确定网店商品标题的时候要注意哪些问题？

（资料来源：搜狐，2019.09.09）

任务一　商品的发布与维护

对于实体店来说，新到商品需要按照不同的陈列规则，摆放在店铺的合理位置，以方便消费者购买、体验等，如图 3-1 所示。网店的新商品发布与实体店本质一样，但是形式上是网店运营人员在店铺后台按照平台的发布规则和流程，通过文字、图片及视频等形式将商品发布到店铺中，如图 3-2 所示。

图 3-1　某实体店

图 3-2　某坚果网店

对店铺进行整体装修之后，下一步需要在网店发布商品。进行商品发布之前，我们需要先拍摄商品，并对商品照片进行美化。

一、商品的拍摄与美化

随着电子商务飞速发展，网店卖家深知商品拍摄的重要性。如何才能把商品真实、清晰地呈现在买家的面前，是卖家必须掌握的一项基本技能。商品拍摄是网店运营中不可或缺的内容，也是在销售过程中起着决定性作用的重要环节。

传统商品拍摄需要使用相机，随着手机拍照的日趋强大，使用 500 万像素的手机完全能胜任拍摄任务。不管使用相机还是手机拍照，都需要掌握通用的拍摄技巧，一张好的商品照片中凝聚着拍摄者的灵感，而这些灵感来自长期的拍摄实践，只有积累大量的拍摄经验，才能拍摄出更多优秀的作品。

1. 突出"宝贝"特色

拍摄之前，需要了解你所拍摄的商品特点，并在拍摄中突出商品的特点。让消费者看到图片后能清晰地了解产品特点，从而激起购买欲望。以食品为例，新鲜度、色泽、产品本身具有的特点都是需要展示的，如图 3-3 所示。

图 3-3 红富士苹果

2. 商品的摆放和组合

在拍摄商品照片之前，必须先将要拍摄的商品进行合理的组合，设计出一个最佳的摆放角度，为拍摄时的构图和取景做好前期的准备工作。拍摄前的商品摆放决定了照片的基本构图，不同的摆放和组合方式会产生完全不同的构图和陈列效果。当消费者看到一张图时，会在视觉上产生不同的感受，而这种感受将会直接影响消费者是否购买这件商品。商品照片归根到底是要刺激消费者的购买欲，而视觉感受恰恰是影响他们价值判断的最重要的因素之一，如图 3-4 所示。

图 3-4 网店花瓶摆放

3. 光线

光线对图片的影响比较大。在没有摄影棚的情况下，摄影者要学会运用自然光。拍照的时间以晴天的上午为宜，因为上午的阳光比较亮适合拍照，中午的阳光过于刺眼，下午的阳光是偏黄色的，这些都影响图片的效果。要注意的是，不要让阳光直接照射在商品上，如图 3-5 所示。

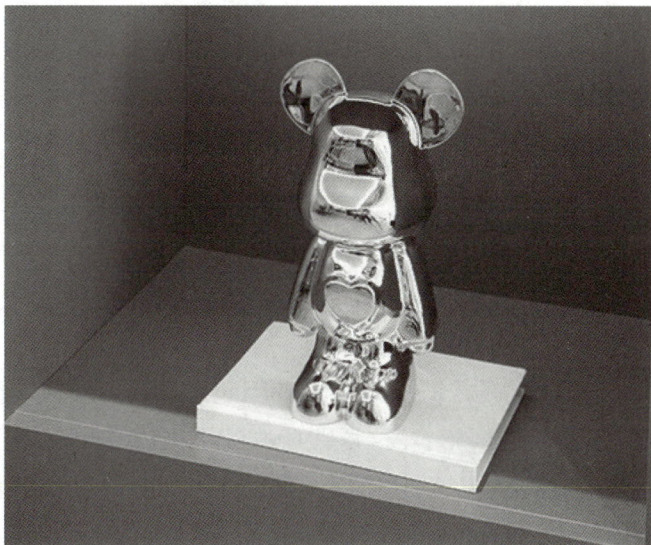

图 3-5　客厅摆件

4. 商品外形的二次设计

每一件商品在从流水线上出来时就已经决定了其外部形态，而作为卖家，在拍摄商品时需要充分发挥自身的想象力，进行二次设计，美化商品的外部线条，使之呈现得更加有美感。Photoshop可以简单地调整照片的大小，也可以加一些图框和文字做适当的美化处理，如图 3-6 所示。

图 3-6　Photoshop 设计软件

二、商品发布

对于商品发布，不同平台的规则略有差异，但是核心内容都包括以下四个方面：商品标题撰写，商品图片优化，商品描述页撰写和商品详情页设计。商品图片优化，商品详情页设计前面已经进行了描述，下面就商品标题撰写，商品描述页撰写进行讲解。

Photoshop

（一）商品标题撰写

店铺要提高吸引力除了利用商品的图片外，还应该利用好商品的文字介绍。商品的文字介绍中最重要的就是商品标题。一个优秀的标题可以吸引消费者，不仅能向消费者介绍商品的特征，还能提高商品的搜索量、浏览量和销售量。

1. 标题的基本构成

标题是对商品核心信息内容的浓缩，表述清晰并且包含关键信息的标题更吸引消费者。一条好的商品信息标题＝属性＋优点＋形容词＋诱惑词＋商品名字（关键词）。

（1）属性：如男裤，属性就是什么布料的，是纯棉的，麻的，还是涤纶的，等等。为什么标题要加属性？有什么好处？产品的标题其实就是产品的属性和相关性，总的来说，属性代表了产品特质，而产品特质就是标题的来源，只有了解属性，才能更好地优化标题。

（2）优点：以男裤为例，每种布料都有其优点，如保暖、透气、耐磨、宽松、舒适、修身等。简明扼要，让客户一看就明白产品的优势。

（3）形容词：如时尚靓丽、简约风范、尽显线条等，可以加深客户对产品的联想。

（4）诱惑词：如促销、打折、特价、包邮，可以增加客户打开产品链接的兴趣。

（5）商品名字：需要尽量以明确、精练的文字，让顾客一眼就能够明白商品是什么。建议使用与本商品相关的关键词来增加商品被搜索的概率。

2. 标题关键词的确定方法

关键词是商品标题非常重要的组成成分。好的关键词除了能帮助消费者清楚了解商品，提高购买意愿之外，更容易出现在消费者的搜索结果中。

标题写法技巧

消费者只要在百度的搜索栏内输入关键词，就会自动跳出许多推荐选项，而淘宝、拼多多也是同样的原理，当消费者输入特定的关键词，搜索栏也会自动跳出推荐的选项。因此，让自己的商品标题拥有好的关键词，就能让产品自动跳到消费者的眼前，也就能提高消费者的点击率，大大提升曝光度。

确定商品关键词的过程可以分为四个步骤：找词、分词、分配词、组合词。

（1）找词。最简单的找词方法有三种：网站搜索下拉菜单、直通车关键词推荐、同行业店铺关键词。网站搜索下拉菜单是统计店铺商品信息数据，与消费者搜索习惯数据相结合的站内搜索器，为了更加人性化地满足消费者的访问体验，网站搜索器通过对消费者搜索习惯与消费

习惯进行对比，筛选出最贴合消费者的搜索结果。所以网站搜索下拉菜单就成为寻找商品关键词的首选途径，如图 3-7 所示。

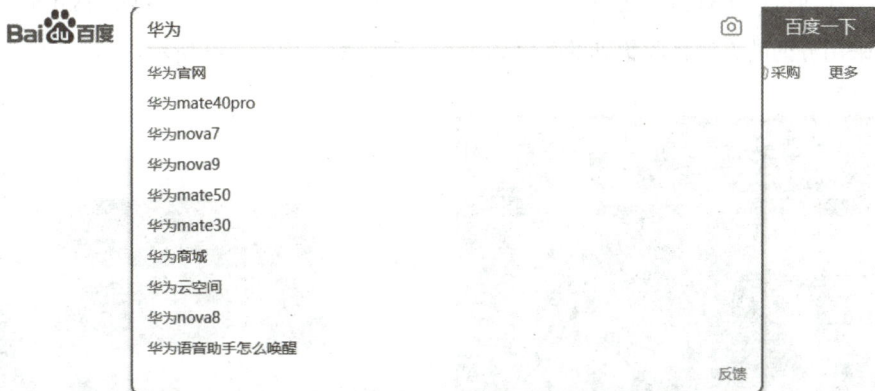

图 3-7　网站搜索下拉菜单搜索关键词

（2）分词。商品的名称应该作为一个偏正词组出现，中心词为商品名称及商品的基本信息，再加上一定的形容词或副词作为商品修饰语。所以通常情况下，一个商品名称由两部分组成，即基本的商品名称和简单的商品描述。同样的商品可以使用不同的名称进行描述，如蜂蜜、百花蜜、土蜂蜜，对于同一件商品而言，不同的商品描述方式会产生不同的效果，如图 3-8 所示。

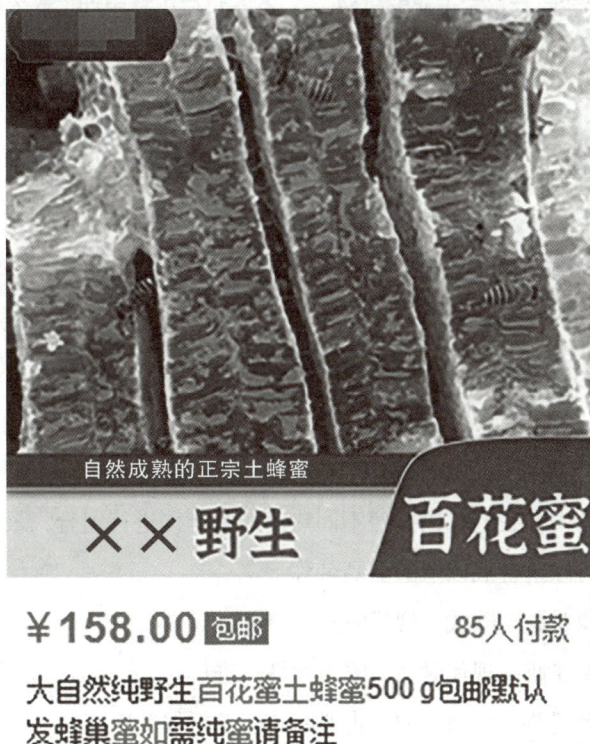

图 3-8　偏正关键词

（3）分配词。在商品关键词确定后，要对关键词进行分配，如果是同一店铺同一品类的不同商品，最好采用意思相同的不同关键词来扩大关键词的覆盖。还以蜂蜜为例，蜂蜜有四川九寨沟蜂蜜、江西特产土蜂蜜、老巢蜂蜜、花粉蜜、椴树蜂蜜。为了区别不同地区不同种类的蜂蜜，可以采用分词的方法将收集到的关键词进行合理分配，如图3-9所示。

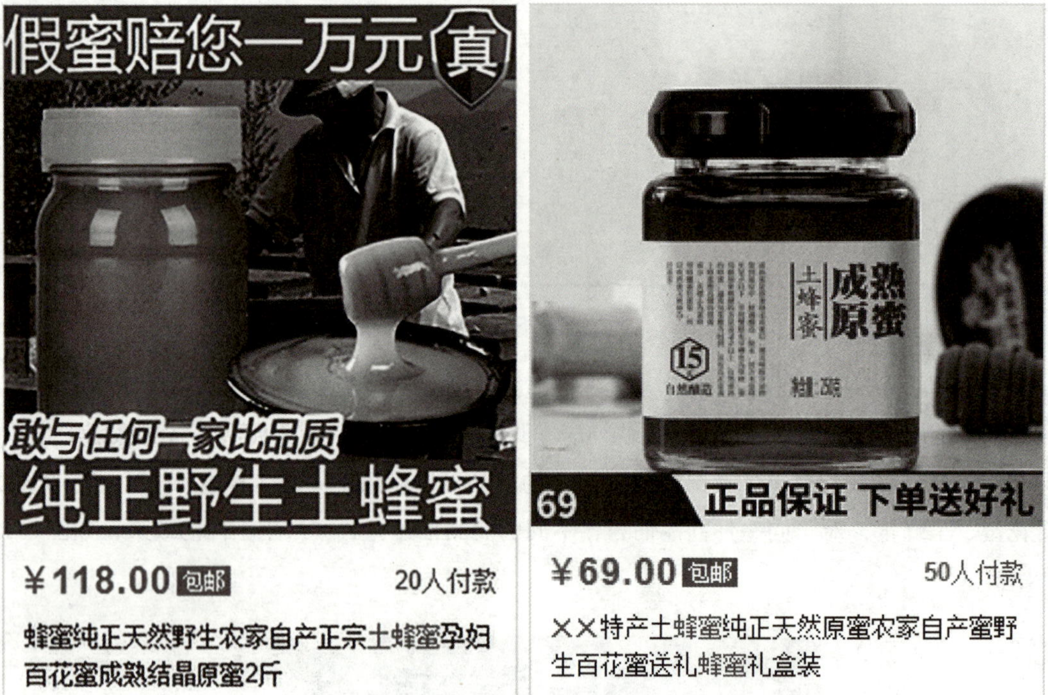

图 3-9　蜂蜜专区的蜂蜜分类

（4）组合词。通过一段时间的观察和测试，可以找出某件商品比较优秀的关键词，剩下的工作就是组合这些关键词了。标题是商品的名称，应该是一个名词，因此中心词一定要是个名词。围绕这个中心词，其他的全部都是修饰短语或词组。比较好的格式为：偏正短语+后补短语。通过第三步分配词，基本上可以测试出哪些词与哪些商品匹配利润较高，然后按照介绍的组合方式可以手动设计出商品标题。一款商品最好能选取九个以上的关键词，如花瓶、透明（样式）、玻璃（材质）、欧式、现代、时尚、古典、田园（风格）、家居摆件（用途）、丹麦原装进口（正品说明）、七折优惠（促销）。

在每天发布的商品中，我们可以按照不同热度的关键词进行组合，最热的关键词要在每个商品中都有，例如，可以组合成以下的商品名称：

白色　透明　玻璃花瓶　欧式　现代时尚　原装进口

白色　透明　玻璃花瓶　现代时尚　家居摆件　进口

白色　透明　玻璃花瓶　田园造型　古典欧式　五折促销中

通过这些步骤，我们可以很全面且精准地把握哪些关键词符合消费者的搜索习惯，但是在制定关键词的同时还要注重产品名称的美观，不要堆砌关键词，确定的商品名称要让消费者搜索到的同时也能感到商品的品质、内涵。堆砌关键词很容易让人摸不着头脑，印象不深刻，也产生不了购买欲望。组合词是一把双刃剑，要注意把握好度。

（二）商品描述页撰写

关键词、商品标题和图片等准备工作做好之后，就要开始下一步——填写完整商品信息，进行商品描述页发布。发布商品描述页具体有以下步骤。

1. 商品类别的选择

在众多的商品类别中找到要发布的商品的类别名，单击进入发布类别，打开商品详细内容编辑页面，在商品详细内容编辑页面中对商品类型、使用的页面模板进行选择，如图 3-10 所示。

图 3-10　商品类目选择

2. 商品参数信息的填写

商品属性应尽量详细，商品属性会显示到商品最终发布后的商品参数栏目中，详细的商品参数会使消费者产生高度信任感，商品相对参数齐全的同类商品更容易被消费者接受。

商品参数信息填写完成后，需要对商品标题与描述等信息进行编辑，参照商品参数信息，将确定好的关键词进行组合，设置 30 字以内的商品标题，将商品的标题、价格、重量、数量等信息填写完成后，就可以进入商品详细描述了。编辑商品的详细描述时需要注意，商品详细描述展示在商品购买页面中商品参数的下方，通常包含图片、文字说明、视频等，这里需要编辑人员与商品图片处理人员对需要添加的素材进行美化处理，再通过后台上传到商品描述中去。在进行文字信息描述时要注意，重要的文字信息可以使用字体放大、颜色变化等方式进行强调，以引起消费者注意，如图 3-11 所示。

销售信息		
* 一口价	9.90	元
* 总数量	99	件
商家编码		

品牌名称：Huawei/华为		
产品参数：		更多参数 ❯
证书编号：2021011606383852	证书状态：有效	产品名称：TD-LTE数字移动电话机
3C规格型号：NOH-AL00(开关电源适配…	产品名称：Huawei/华为 Mate 40 Pro…	华为型号：Mate 40 Pro 4G版
机身颜色：釉白色 秘银色 夏日胡杨 秋…	运行内存RAM：8GB	存储容量：8+128GB 8+256GB
网络模式：双卡双待	CPU型号：麒麟9000	

图 3-11　商品销售参数

3. 商品图片的发布

商品图片可以由一张或多张图片组成，需要注意的是，如果商品图片较长，最好可以将图片分解为多个图片组合，以此来提高网页的加载速度。商品描述中可以插入多张图片和文字，卖家可以将商品的详细描述输入进去，可以添加相应图片，直接将图片复制粘贴在文本框中，也可以单击文本框上方的"图片插入"工具插入图片，如图 3-12 所示。

选择 ▮▮▮▮ Mate 40 Pro 的6大理由

非凡设计 科技缔造艺术之美
标志性星环设计，88° 超曲环幕屏[1]
双扬声器立体声

非凡影像 超感知徕卡电影影像[2]
超级运动防抖
AI视频跟拍，智能可变广角自拍

图 3-12　某手机商品图片发布

非凡体验 全新HarmonyOS 2
搭载HarmonyOS 2
流畅安全，万物互联

非凡性能强"芯"才有大智慧
5 nm麒麟9000旗舰芯片
创新四网协同[3]，智慧升级

图 3-12　某手机商品图片发布（续）

4. 商品物流、售后及其他信息的确定

完成了大部分商品信息的设置，只需再设置物流、售后及其他信息，就可以完成商品描述页的设置，我们可以提前设置物流运费模板。运费模板是针对交易成交后卖家需要修改运费而推出的一种运费工具。通过运费模板，卖家可以解决不同地区的买家购买商品时运费不同的问题，还可以解决同一买家在店内购买多件商品时的运费合并问题。通过运费模板，卖家可以发起买家在店内单次购买商品满××元免运费的优惠活动。接下来就是售后问题，店铺的售后说明一般告知买家商品是否为正品及商品的售后服务等内容。

完成商品的发布之后，还应对发布的商品进行优化，最终目的是要让商品排名靠前，从而更容易引起买家的注意，并激发其购买欲望，如图 3-13 所示。

图 3-13　商品物流和售后信息

三、商品上下架

商品上下架在网店日常运营中非常重要，利用好商品上下架时间，可以带来短期排名的提升，实现精准卡位，获得大量精准流量，达到免费增加店铺流量并提高成交率的目的。

（一）商品上下架时间

1. 上架时间选择

在编辑店铺商品的时候，里面有显示宝贝上架时间，通常为 7 天和 14 天，一般情况选择 7 天，这样宝贝会在短时间内排在前面，容易被搜索到。

2. 上下架日期和时间

一周 7 天内，较好的上下架时间是周一到周五，其中周一和周五两天又最好。上下架最优时间段：综合来说，最优的上下架时间为每天的 10：00~11：00、13：00~14：00、14：00~15：00、15：00~16：00、21：00~22：00 这五个时间段。另外，随着手机终端的流行，22：00 之后到凌晨 1：00 这个时间段也是一个小的流量爆发时间段。

（二）商品上下架技巧

1. 同类商品要分开上架

如果几分钟内把商品一次性全部上架，那以后商品每周只有一天的几分钟会排在前面。为此，我们可以在黄金时段分开上架商品，用 7 天时间全部上架完毕。以后每天就会有机会让商品在黄金时间段出现在搜索结果的前列。

2. 合理运用橱窗推荐来下架商品

在商品上架时，如果商品太多，橱窗位不够，最好的办法就是把所有的橱窗推荐位都用在即将下架的商品上，这往往会带来不错的流量。

3. 橱窗推荐销量最好的

如果快要下架的商品数量很多，橱窗推荐位不够，可以推荐自己销量大的商品或畅销的商品，店铺搜索排名规则中有很重要一个因素就是销量，如果推荐的商品销量很大也会优先排在前面。不畅销或竞争力很小的商品，因为它本来搜索结果就很少，所以可以不用橱窗推荐。

4. 小卖家避开高峰期

小卖家最好不要在流量高峰期的时候上架商品，因为小卖家在这个时间段上架商品的话肯定拼不过那些大卖家，以致分不到流量。这种情况下小卖家就可以选择在下班后的时间段上架商品，这样面对的竞争会相对较小。

任务二 订单管理

订单管理是指从订单的创建到完成的整个流程，分为客户下单、发货、交易完成和交易作废等阶段，同时涉及支付管理和库存管理等业务，其基本流程如图 3-14 所示。

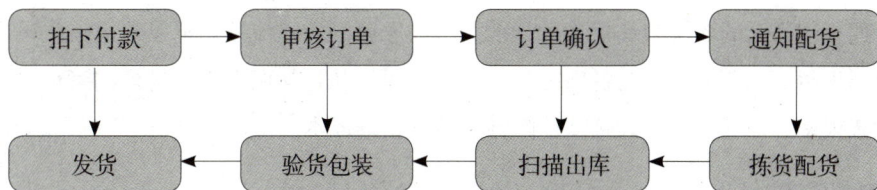

```
拍下付款  →  审核订单  →  订单确认  →  通知配货
   ↓           ↑           ↑           ↓
 发货   ←   验货包装  ←   扫描出库  ←   拣货配货
```

图 3-14　订单管理流程图

一、客户下单

客户通过产品页面单击提交订单以后，订单处理系统会为这个订单分配一个唯一的订单号，并将订单状态定为"新订单，未确认"。客服需要在收到订单的第一时间根据库存情况进行确认。如果所有货物都有库存，需要客服将订单状态修改为"已确认，未付款"。如果发现库存不足，仓管人员会示意客服联系客户，征求客户的意见，如何继续处理订单。在订单得到确认以后，客户根据订单的金额选择付款方式，客服需要查看支付情况，如果支付成功，需将订单状态改为"已付款，未发货"。订单管理还有一个重要之处是客户发货地址的确认，在客户拍下商品后，客服需要登录平台后台查看发货地址是否准确，如果有误需联系买家重新填写。

二、发货

客户可以在公司常用的几种配送方式中进行选择。如果客户没有要求使用哪家快递，网店客服可以选择与公司有合同的快递公司，确定快递公司后，网店客服需要核对发货地址、买家地址，并发送给快递公司，等待订单确认后就可以填写运单号（如果公司有可用的运单号，可以在页面上直接填写，若没有，需等待物流上门后获取运单号），填写运单号可以跟踪货物，减少因物流引起的纠纷。

一般网店由于规模小，不具备自建物流的能力，在订单处理完毕发货的时候往往会选择第三方物流。

（一）第三方物流企业所具有的优势

1. 具有专业水平和相应物流网络

通过专业化的发展，第三方物流公司已经开发了信息网络，并且积累了针对不同物流市场的专业知识，包括运输、仓储和其他增值服务。

许多关键信息，如卡车运量、国际通关文件、空运报价和其他信息通常是由第三方物流公司收集和处理。对于第三方物流公司来说，获得这些信息方便而经济，因为其费用可以分摊到很多的客户头上。对于非物流专业公司来讲，获得这些信息的费用就会非常昂贵。

2. 拥有规模经济效益

由于拥有较强大的购买力和货物配载能力，一家第三方物流公司可以从运输公司或其他物流服务商那里得到比其客户更为低廉的运输报价，可以从运输商那里大批量购买运输服务，然后集中配载很多客户的货物，大幅度地降低了单位运输成本。

3. 有助于减少资本投入

通过物流外包，制造企业可以降低运输设备、仓库投资和其他物流过程中所必需的投资，从而改善公司的盈利状况，把更多的资金投在公司的核心业务上。许多第三方物流公司在国内外都有良好的运输和分销网络。希望拓展国际市场或其他地区市场以寻求发展的公司，可以借助这些网络进入新的市场。

4. 资源优化配置

第三方物流企业还能使企业实现资源优化配置，将有限的人力、财务集中于核心业务，进行重点研究，发展核心技术，努力开发出新产品，还可以为企业节省费用，减少资本积压，减少库存，提升企业形象。

第三方物流提供者与顾客不是竞争对手，而是战略伙伴，他们为顾客着想，通过全球性的信息网络使顾客的供应链管理完全透明化，顾客随时可通过网络了解供应链的情况。第三方物流提供者是物流专家，他们利用完备的设施和训练有素的员工对整个供应链实现完全的控制，减少物流的复杂性。

5. 拥有信息技术

许多第三方物流公司与独立的软件供应商结盟或开发了内部的信息系统，这使他们能够最大限度地利用运输和分销网络，有效地进行货物追踪、电子交易、生成提高供应链管理效率所必需的报表和其他相关的增值服务。

（二）网店第三方物流选择

目前第三方物流形式主要有快递公司、EMS、平邮。

1. 快递公司

快递公司通过铁路、公路和空运等方式，对客户货物进行快速投递。

中国主要的快递公司包括京东快递、顺丰速运、德邦快递、百世快递、宅急送、中通快递、申通快递、圆通快递、韵达快递、极兔速递等，如图3-15所示。

图 3-15 网店经营常用的快递

2. EMS

EMS（Express Mail Service）是指邮政特快专递服务，由万国邮联管理下的国际邮件快递服务，在中国境内是由中国邮政提供的一种快递服务。在中国境内提供EMS服务的为中国邮政速递物流公司，它是中国邮政集团公司直属全资公司，主要经营国际、国内EMS特快专递业务。EMS是中国速递服务的最早供应商，中国速递行业的最大运营商。公司员工近万人，EMS业务包括国内所有市县，延伸至亚洲地区。

3. 平邮

平邮是邮政中一项寄送信与包裹业务的总称，包括了普通的寄信。平邮是所有邮政递送业务中速度最慢的业务。平邮是最慢的但也是实惠的，全国7天到30天。平邮不像快递送货上门，邮递员事先会将通知单发送至你的家庭信箱或门卫，用户需要凭通知单和收件人身份证去就近邮局领取包裹。

邮政的包裹分为国内普通包裹和国内快递包裹，国内普通包裹最慢，国内快递包裹稍快。国内快递包裹根据各地区的规定不同及物品的不同，有的投递包裹单，有的投递包裹（实物）。

（三）选择第三方物流考虑的问题

1. 物流费用

价格一般是卖家考虑的首要因素，因为店铺如果包邮，但是快递费又太贵，那么自己肯定赚不了多少钱。所以卖家就要根据自己的产品价格来选择快递公司。但是我们也不要贪便宜，毕竟价格和时效是成正比的。

2. 运输时间

运输时间关乎着店铺的评分。在选择价格有优势的几家快递公司之后，要通过寄快递来测试哪家快递公司运输时间是较快的。

3. 配送区域

现在农村的淘宝买家也在日益增多，所以卖家还要根据这个因素来考虑快递公司的配送区域。如果店铺产品面向的是农村或偏远地区，就要看快递能否配送。如果快递只能配送到镇上，那么肯定会让部分买家感到不满，从而给予低评分。

4. 包裹的安全

包裹的安全就是指快递公司在运输途中会不会有丢件和损坏情况。

（四）第四方物流与菜鸟联盟

1. 第四方物流

随着信息化、网络化的发展，物流业出现了第四方物流，第四方物流是一个供应链集成商，调集和管理、组织自己及具有互补性服务提供的资源、能力和技术，以提供一个综合的供应链解决方案。发展第四方物流的关键在于为顾客提供最佳的增值服务，即迅速、高效、低成本和个性化服务等。

菜鸟联盟作为第四方物流的代表，是提升电商物流服务体验的一个组织，成立于2016年3月28日，由阿里巴巴三大战略业务板块之一的菜鸟网络牵头，联合国内外主要物流合作伙伴组建。菜鸟联盟成立以来，已经推出当日达、次日达、预约配送等优质产品，并承诺"说到就到、不到就赔"。

2. 第四方物流与其他物流的区别

菜鸟联盟作为第四方物流的代表与传统的第三方物流及快递的区别很大，具体见表3-1。

表3-1　菜鸟联盟与其他物流的区别

	菜鸟联盟	其他物流（快递）
资金实力	菜鸟联盟由阿里巴巴集团、银泰集团联合复星集团、富春集团、顺丰集团、"三通达"（申通、圆通、中通、韵达），及相资金实力关金融机构多家巨头合资成立，资金充足。资金实力取决于不同的快递公司多家快递公司整合一起，资源、信息、技术等开放共享，实力远比其他快递企业优越	资金实力取决于不同的公司
运作模式	菜鸟联盟是第四方物流，符合未来社会化发展趋势	根据物流一体化的原则，有效地对供应运作模式链上下游企业进行管理
网络优势	"天网"，集合各方资源、信息和数据，继而产生聚合效应，构建遍布中国的大网"地网"，即物流网	第三方物流企业对电子商务交易中供求双方的所有物流活动进行全权代理，利用计算机和网络通信技术，在网络上建立了一个多对多的虚拟市场
服务内容	对异常包裹可以在淘宝平台发投诉等增值服务	包裹遇到问题需自行联系快递公司，商家利益无法保障

三、交易完成

买家确认收货之后，网店客服需要根据订单需求对客户进行回访，回访的内容主要为客户对产品的评价及意见反馈，并在第一时间解决客户遇到的问题。

菜鸟联盟、菜鸟
驿站与菜鸟裹裹

四、交易作废

消费者在购物过程中经常会遇到一种情况，即将选好的商品拍下后，由于没有及时付款，订单会自动取消，交易作废。这是因为店铺管理员设置了付款时间，超过这个时间卖家会默认买家放弃本次购物。交易作废分为两种情况，一种是客户拍了商品没有付款；另一种是买家拍下商品、付款了但物流信息不正确，客户这时需要联系买家，查看物流信息是否正确，若无法联系买家，客服人员需要进行退款操作，并关闭订单，如图 3-16 所示。

图 3-16 交易关闭

📖 **案例延伸**

京东商城物流服务

在激烈的电商竞争环境下，京东有着自己的电商物流模式，它主要是以自营物流和第三方物流相结合的模式，国内大部分的 B2C 电商也多采用这种模式。

京东在各大城市建立了城市配送站，最终，配送站覆盖全国多座城市，均有自建快递公司提供物流配送、货到付款、移动 POS 刷卡、上门取换件等服务。此外，京、沪、粤三地仓储中心也已扩容至 8 万平方米，仓储吞吐量全面提升。分布在华北、华南、华东的各大物流中心，覆盖全国各大城市。

为了消费者体验更好的物流服务，京东也和第三方物流有着紧密的合作。在北京、上海、广州之外的其他城市，京东商城和当地的快递公司合作，完成产品的配送。而在配送大件商品时，京东选择与厂商合作。因为厂商在各个城市均建有自己的售后服务网点，并且有自己的物流配送合作伙伴，如海尔在太原就有自己的仓库和合作的物流公司。京东与海尔合作，不仅能利用海尔在本地的知名度替自己扩大宣传，也较好地解决了资金流和信息流的问题。

如今，京东的物流越做越精准。京东推出"211限时达"配送服务，当日上午11：00前提交现货订单（以订单进入出库状态时间点开始计算），当日送达；夜里11：00前提交的现货订单（以订单进入出库状态时间点开始计算），第二天上午送达（14：00前）。这个速度目前在电子商务企业还没有第二家能承诺。京东专注最后一千米服务，以此来提高自身的配送及售后服务，提高顾客满意度。京东采用先进的物流信息系统，构造了一个现代化的信息管理平台，通过建立电子数据交换系统（EDI）、自动订货系统（EOS）等与第三方物流之间达到硬件、软件和数据报表等的匹配和兼容，进行信息实时跟踪，实现网上在线交易处理，方便顾客及时快速地查到自己所购商品的配送信息，解决信息不对称问题，真正地把商流、物流、资金流、信息流集成到一起。

京东根据客户订单、配送计划和商品库存等信息，对其要货商品的可配数额及配送类型进行设置，自动生成配运单。另外，京东推行细致、灵活、多种多样的特色配送服务，如免运费、上门自提、货到付款、无线POS支付等。京东还采用ECR或QR等先进技术，加强与物流外包企业的合作，从而加快配送速度。

（资料来源：百度文库，2020.02.11）

项目检测

一、单项选择题

1. 在制作商品图片的时候应该注意的方面不包括（　　）。

　A. 商品的摆放和组合

　B. 光线

　C. 不需要对商品图片的二次设计

　D. 突出商品特点

2. 商品关键词确定的过程中，可以分为（　　）四个步骤。

　A. 找词、分配词、分词、组合词

　B. 找词、分词、分配词、组合词

　C. 找词、分词、组合词、分配词

　D. 分词、找词、分配词、组合词

3. 通常商品较好的上下架时间是周一到周五，其中（　　）两天又最好。

　A. 周一和周二

　B. 周四和周五

C. 周一和周五

D. 周六和周日

4. 不属于第三方物流的有（　　　）。

　　A. 菜鸟联盟

　　B. 平邮

　　C. 申通快递

　　D. 顺丰快递

5.（　　　）属于订单交易作废。

　　A. 客户浏览了商品

　　B. 客户拍了商品没有付款

　　C. 客户咨询了商品

　　D. 客户购买了商品，但是退货了

二、判断题

1. 可以商品发布之后，再对所发布商品的图片进行美化。（　　　）

2. 拍摄商品图片，要让消费者看到图片后能清晰地了解产品的特点。（　　　）

3. 商品的名称应该作为一个偏正词组出现，中心词为商品名称及商品的基本信息，再加上一定的形容词或副词作为商品修饰语，阐明商品特征。（　　　）

4. 在编辑店铺商品的时候，里面有显示宝贝上架时间，通常为 7 天和 14 天，一般选择 14 天。（　　　）

5. 第四方物流是一个供应链集成商，调集和管理、组织自己及具有互补性服务提供的资源、能力和技术，以提供一个综合的供应链解决方案。（　　　）

三、简答题

1. 一个好的商品标题应包含哪些关键信息？

2. 商品描述页撰写的步骤有哪些？

四、趣味挑战

登录正在运营的网店后台，查看被下单的商品，并为下单商品设置发货和物流信息。

扫码看答案

🔷 实训拓展

1. 实训名称

商品发布流程操作。

2. 实训的要求和目的

（1）学会正确的选择商品属性、上传商品图片、编写商品名称。

（2）填写商品价格、运费、服务等项目，能够掌握最基本的商品发布流程。

3. 实训的分析和主要步骤

（1）打开淘宝网并登录，点击"我要卖"。

（2）进入新页面，选择"一口价"方式发布宝贝。

（3）选择商品所属类目后点击"好了，去发布宝贝"。

（4）逐个填写商品属性信息，商品信息必须选择正确，以便买家更快地找到商品。

（5）给商品起个名称，长度不超过30个汉字。

（6）填写一口价，选择颜色、尺码等，并输入可售数量。

（7）上传实拍图片，图片的大小应该小于120 k，建议选用 500×500 px 的正方形图片，格式为 JPG 或 GIF。

（8）在 HTML 编辑器里编写商品描述，控制在 25 000 个字符以内。

（9）选择商品所在地，并设置运费，选择发布周期、发票、保修等附加信息，然后点击"发布"，待新页面弹出"您的宝贝已经发布成功"提示，商品就成功发布了（注意，在商品编辑页面如果选择了宝贝的一些属性条件，如服装类的颜色及尺码等，必须填写相对应的数量，且数量之和必须等于宝贝数量）。

4. 考核标准或评价

（1）实训后，学生将实训结果等内容写成实训报告。

（2）指导教师对每份实训报告进行审阅、评分。

（3）该实训课程是对理论教学内容的应用与验证，实训课的成绩记入课程平时成绩，占总成绩的 20%。

网店运营篇

项目四

网店推广

项 目 四

知识目标

1. 理解网店差异化运营策略。
2. 掌握网店自然流量引入的搜索引擎优化（SEO）技巧。
3. 掌握站内外推广的方法。

能力目标

1. 能运用论坛、微博、微信、QQ等方法免费推广网店。
2. 能运营搜索引擎营销进行网店推广。

思政目标

1. 培养诚信经营网店的意识。
2. 培养创业精神和创业意识。

思维导图

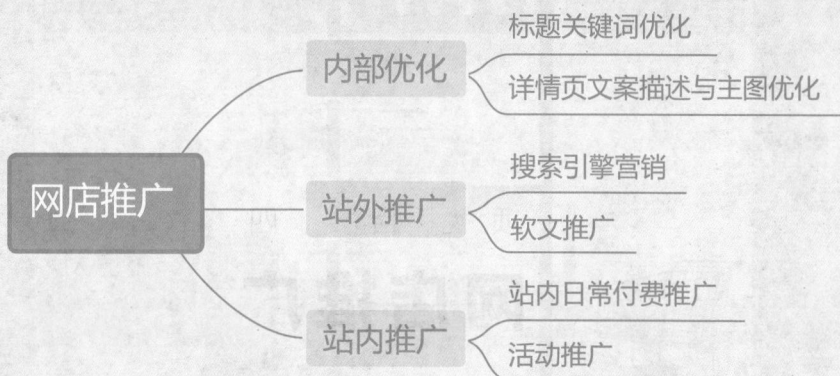

案例导入

最潮大叔三个月涨粉 66 万，淘宝成男性消费第一平台

在消费能力的排序上，曾有人给出著名的"男人不如狗"的结论。但是下面的这位"大叔"，可能会让你颠覆这样的印象。在"潮流 sir"的直播间，没有太多花哨的布置，被粉丝叫作"啊 sir"的男主播坐在一张简简单单的高脚凳上，脚上穿着最潮的"阿美咔叽风"皮靴。在他背后堆得一人高的鞋盒里，放着各种让潮人"流口水"的限量版球鞋。

"这双 AJ 大概 3 000 多元，因为这双鞋是丝绸的材质，而且配色也很特别。""这是一件加厚的面包服棉衣，短款加上漆皮穿着会显得比较精神。重点是它背后还写着养猫致富。"与粉丝简单互动之后，"啊 sir"就开始潮鞋的开箱和外套试穿。考虑到直播间里的男性大多不太懂搭配，他还会给出自己的穿搭建议，"我里面搭配的是一款纯色的连帽卫衣，羽绒服搭配卫衣感觉会很有层次感。"

在近两个小时的直播里，"啊 sir"换了 30 多套衣服，没有太多复杂的粉丝互动环节，大多数时间就是介绍衣服的材质和穿着感受。这样简单明了的直播正好符合男性消费者"买了就走"的需求，让他短短三个月就增加了 66.7 万粉丝，成为增粉速度最快的淘宝主播之一。

淘宝上"潮流 sir"们的走红，印证了男性消费的崛起。在此之前，淘宝发布的 2018 年《中国男性消费报告》表明，随着男性渴望装扮的时代到来，美妆、潮牌等都成了男性新的消费需求。数据显示，潮牌关键词年搜索量超 3 亿次，潮牌商品成交金额增幅更是达到185%，"他经济"正爆发出巨大的能量。

而像直播、短视频等淘宝内容生态的不断涌现，更是成为消费者和商家之间内容的连接，让互动方式越来越丰富，两者关系也随之产生更多可能。像"潮流sir"这样关注男性群体的达人，也成为淘宝上男性消费内容的代表。

潮牌、美妆成为淘宝男性消费新领域

在人们的印象中，男性几乎不会主动购买各种各样的服装，对于品牌的概念更不在意，一切都是以实用至上。但是这样的状况随着男性对自己形象意识的觉醒而悄然改变。

QuestMobile数据显示，我国男性移动互联网网民数量已经达到5.9亿。这群男性网民经济实力的提升、自我价值的发现及消费升级的理念转变，体现在消费行为上的变化则是购物行为更加普遍，学会关心自己、愉悦自己，在颜值、娱乐、健康消费上尤为突出，这也推动"他经济"逐渐成为风口。

除了运动、汽车、3C数码、游戏装备等传统意义上以男性消费者为主的领域外，男装、护肤甚至美妆也成为男性消费的新兴领域。淘宝数据显示，2018年有1000万男人开始穿上靴子，代表美式复古的"阿美咔叽"成为年度风格关键词，年购买人数增长超过2倍。今年淘宝男士彩妆成交更是迎来大爆发，增长达140%。粉底、遮瑕和眼线笔成为淘宝上最受男士欢迎的彩妆Top3。

男性消费领域的逐渐丰富，让"潮流sir"这样针对男性的淘宝主播或内容创业者慢慢增多。淘宝上著名的搞笑视频和美妆博主王小强，就以亲自上脸试验各种美妆护肤产品成名。

"刚开始我也不会化妆，画眼线手都在抖。"抹上口红、画个精致的妆容，这些是王小强在拍视频之前的必备流程，有时候化妆就需要花上8个小时。如今，王小强不仅积累起数百万粉丝，还拥有了自己的淘宝美妆店。在"王小强和王姐"的淘宝店里，可以看到几乎所有宝贝的详情页短视频都是店主王小强自己拍摄的。

"没有人会喜欢男生满脸痘、满脸油，"王小强认为男生化妆出门是基本的礼仪，也是一种礼貌的行为。"当一个男生更注重自己的细节，就会更爱身边的人。"他也希望能够将这样的理念带给更多淘宝上的男性消费者。

淘宝内容化成就"他经济"

对于诸如男性经济这类新消费趋势的出现，淘宝做出了最早的回应和引领。

在移动互联网时代，淘宝探索出从搜索到内容的消费形态进阶之路，图文、短视频、直播等新内容不断涌现。像"潮流sir"、王小强这样的内容创业者，通过特色商品的分享，传递着自己的生活方式和审美趣味，启发消费者需求的进一步迭代。在"潮流sir"的微淘主页上，可以看到他几乎每小时都会更新一篇图文内容，其中一篇"1212购物车必抄清单之男朋友冬季时尚穿搭"，发出不久就吸引了近3500次阅读。

"在PC时代，用户在网上购物的时间有限。随着PC转移到移动端，用户的使用打破了时间和空间的限制，淘宝已经不光是满足需求了。用户很大的需求是进入到发现的状态，按照欲望购买。"淘宝内容生态总监闻仲表示，现在消费者已经从按需购买进入到按欲望购买的时代。"也许你自己都不知道你喜欢这个东西，但是看到以后就喜欢了，于是需求就被激发出来。"

要满足不同人群的兴趣，这对淘宝的内容提出了更高的要求。目前淘宝上面向女性消费者的内容极其丰富，很多直播间或淘宝的自制内容充满了服饰搭配、美容技巧、母婴技巧等。但是现在也陆续出现了一些面向男性群体的直播内容，如男性香水、汽车、潮鞋等。例如，淘宝直播"淘Live"的自制节目《秘境追踪》就是一档主要针对男性的汽车真人秀，未来可能还会加入户外、运动等品类。甚至还有一档《喵爸村》的节目，专门教广大奶爸如何育儿，NPC李晨等明星爸爸多次参与，为消费者带来最新潮的育儿秘籍。

事实上，内容化已经成为带动淘宝用户强劲增长的重要引擎。数据显示，在以直播为代表的内容化战略驱动下，淘宝连续五个季度用户增长超2 000万。在全新的时代，商家正从粗放式的运营价格、商品进化为更为精细化的运营内容、粉丝和品牌。内容生态的持续繁荣，让商家和消费者更好对接，也展现出淘宝对商家和创作者强大的赋能效应。

你觉得内容营销是未来网店流量的趋势吗？请说明理由。

（资料来源：中国经济网，2018.12.11）

任务一　内部优化

网店内部优化，主要涉及SEO，即搜索引擎优化，指的是卖家优化自己的商品和店铺信息，使自己的信息在平台搜索中排名靠前，以便用户关注、购买。与综合搜索引擎不同，网店平台搜索并不像全网搜索那样需要在整个互联网中抓取、分类、归类数据。网店平台搜索的数据依赖于买家的标题、关键词与图片的发布，搜索引擎优化一般是运营人员通过自身工作实现的。

SEO 和 SEM

一、标题关键词优化

很多卖家在抱怨网店没流量的时候，往往忽视了一个最根本的问题，那就是平台搜索引擎优化中最基础的宝贝标题优化。这点如果都没做好，流量肯定上不去，所以卖家要做的就是从基础的宝贝标题优化开始。

（一）标题优化的重要性

当买家打开某个网购平台店铺的时候，也许不知道如何找到自己需要的商品，这时候买家想到的是去直接搜索需要的宝贝。

标题优化是平台店铺搜索排名优化的一部分，标题优化的好处是提高搜索展现量，让商品充分展示在顾客眼前。标题优化具体来说，就是对卖家店铺的商品的标题进行符合规则化的优化，使之能够在众多同类商品中排名靠前，增加曝光率、点击量以提升转化率。

标题优化主要包括标题长度的控制、关键字分布、关键字词频率及关键字组合技巧等。淘宝搜索中，淘宝标题优化尤其重要，不过在优化时一定要注意店铺平台的一些规则，标题优化的重要性有以下几点：

（1）标题优化做得好，可以从搜索处带来大量流量。

（2）一旦做好标题优化，排名就会相对稳定，流量也会相对稳定。

（3）搜索商品标题进入的流量都是优质的精准客户，转化率更高。

（4）从搜索栏搜索商品标题或类目时进入的流量都是免费的。

（二）标题优化的规则

前面已经介绍了商品标题优化的好处和重要性。在做商品标题时，关键词和标题长度限度，下面以淘宝为例，讲解淘宝商品标题优化的规则。

1. 商品标题编写要遵循一定原则

（1）标题要尽量简单直接，能突出卖点；要让买家即使看一眼，也能了解商品的特点，知道它是一件什么商品。

（2）商品标题限定在 30 个汉字（60 个字符）以内。最基本的结构应该是产品名称＋卖点，例如，商品是包邮的，可在标题中加个"包邮"字样，增加商品的吸引力。

2. 商品标题的编写规范

在新淘宝规则中，商品标题的编写规范有以下几点：

（1）标题中不要故意堆砌一些无关的词。标题堆砌是指卖家为使发布的商品引人注目，而在商品名称中滥用与本商品无关的字眼，扰乱淘宝网正常运营秩序的行为。

（2）避免使用大量的类似、重复标题。重复标题的用户体验不好，而且没有个性，在搜索的结果中，消费者点击也不会高。如果标题逻辑不通，点击率就会偏低，要尽量让自己的产品标题多样化，每样商品都有属于自己的关键词。两个商品标题的关键词有过多的雷同，虽然产品曝光率会提高，但这样有可能会被认为重复铺货，所以商品的标题一定要多样化。

（3）不要使用特殊符号。很多卖家会在商品标题中滥用符号，一般来说，这些符号会被搜索引擎直接忽略掉或等同于空格，还有种说法认为括号（包括大括号、中括号、小括号）中的关键词会被降权。总之，随意使用符号对商品标题是有害无益的，一般情况下在需要断开的地方加入空格就可以了。

（4）商品标题中不要包含店铺名称。除非知名的大卖家，一般情况下，不必将自己的店铺名称加到标题中，因为根本不会有人通过搜索店铺名称而找到需要的商品。所以在标题中加入店铺名称，只是对资源的浪费。卖家应该节约空间，多加些商品的属性关键词。

（5）忌用敏感词。淘宝搜索有自动过滤功能，如果标题中含有敏感词汇，会被系统自动过滤掉，如"高仿""山寨"等。此外，一些当下敏感的政治词汇也会被搜索过滤。所以，卖家在写标题时，不要触碰敏感词汇，否则你的商品很可能会被降序。

（三）关键词的选择与组合策略

关键词搜索一直是众多卖家最大的流量来源，也是买家最喜欢、最直接的搜索行为，如图4-1所示。

图4-1　搜索运动鞋

1. 关键词的选择

关键词查找优化是标题优化的核心，卖家应按照以下几种方式去查找关键词：

（1）淘宝、天猫、京东、拼多多等电子商务平台首页的搜索框是店铺商品流量的主要来源，在搜索框的底部会出现最近热门的关键词，可供选择，如图4-2所示。

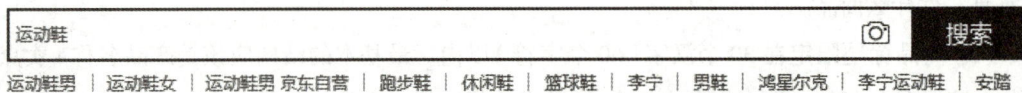

图4-2　首页搜索

（2）输入所经营商品的名字，查找搜索框下面会出现提示，这些提示一般都是十分热门的关键词，可供卖家选择，如图4-3所示。

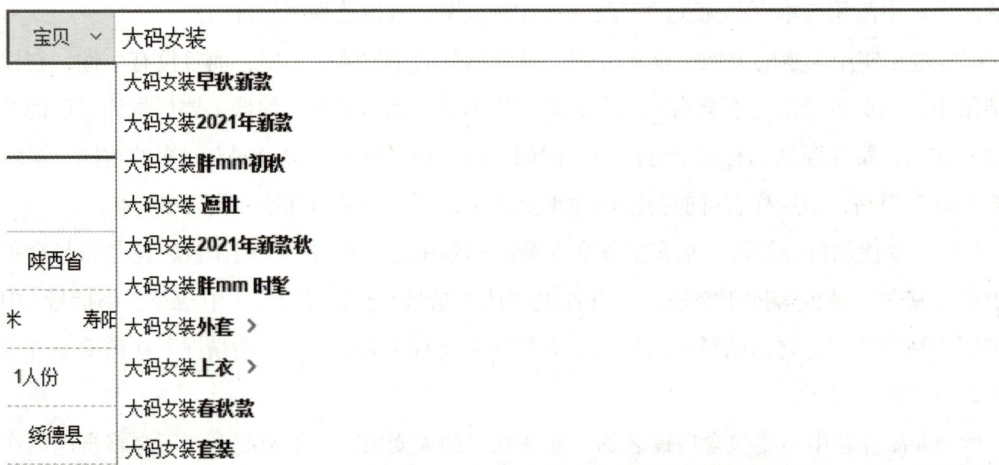

图4-3　输入大码女装后搜索栏出现的提示

（3）使用指数工具确定关键词。在确定商品关键词的时候还可以借助指数工具，常用的指数工具有百度指数、微博指数（微指数）、微信指数、巨量算数等。指数工具依靠自身强大的数据库，提供人们在一段时间内浏览和搜索的流行热词，可为卖家搜索关键词提供帮助，如图 4-4 所示。

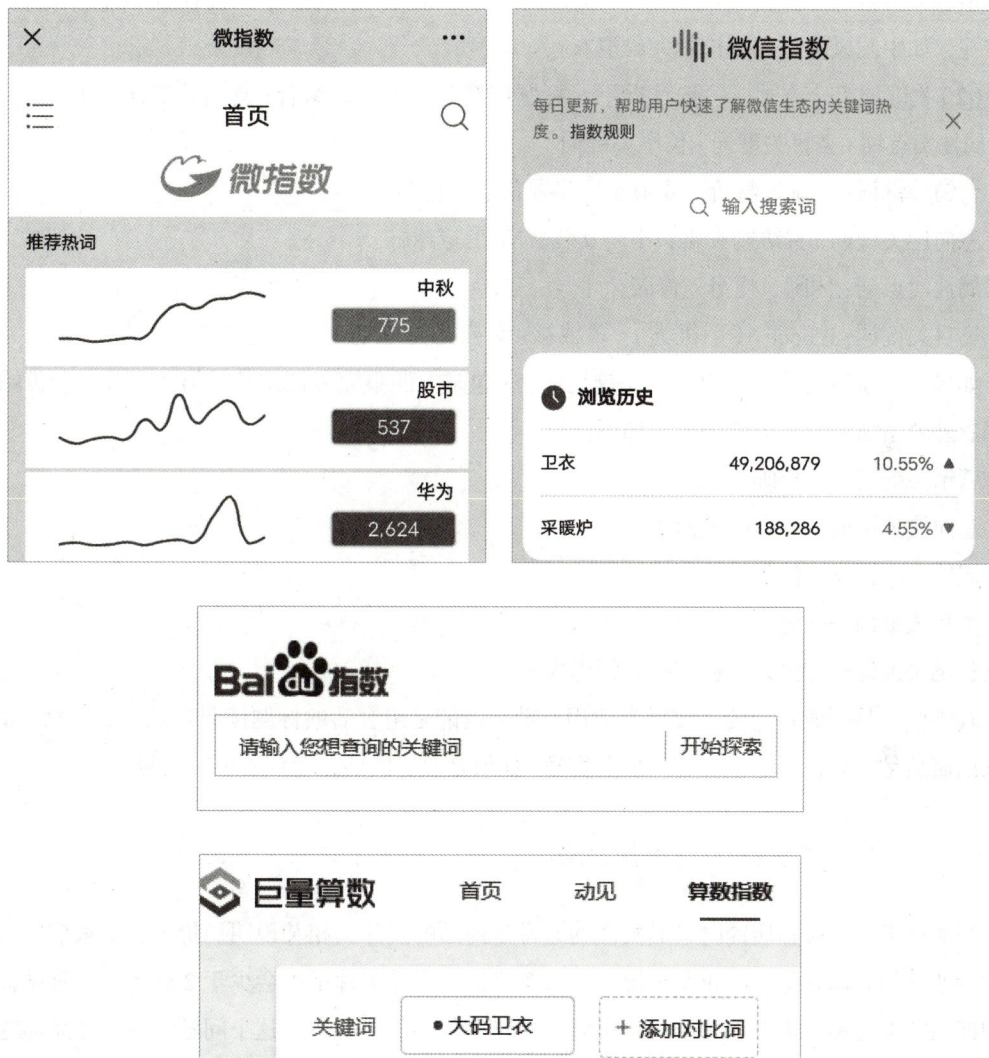

图 4-4　指数工具

2. 关键词的组合策略

关键词的优化组合构成热销的商品标题。那么，如何把收集的关键词组合成商品标题呢？

（1）关键词的分类。

一级关键词：一般由 2~3 个字组成的词语，优点是搜索量巨大，缺点是竞争度也很大。例如，男装、衬衫、手机、女装、羽绒服、女鞋等。

百度指数、微博指数（微指数）、微信指数、巨量算数

二级关键词：一般由 4~5 个字组成，优点是搜索量比较大，缺点是竞争度也比较大。例如，韩版女装、韩版男装、短袖衬衫、雪纺连衣裙、男款运动鞋等。

长尾关键词：一般由 5 个字或多个词组合而成，优点是精准度高、竞争较小，缺点是搜索量不大。例如，韩版雪纺女装、无袖格子衬衫、春款针织衫热卖、七匹狼男装短款 T 恤等。

顶级关键词：搜索量大于商品的数量，优点是精准度高、竞争小，且容易排名，缺点是比较难找，如中国风圆融领宽松版大码卫衣。

（2）关键词组合方式。一般情况下，标题应按照以下方式组合：营销关键词 + 意向性关键词 + 属性卖点词 + 类目关键词 + 长尾关键词。

营销关键词：包邮、特价、卖疯了、皇冠信誉、正品。

意向性关键词：雪纺连衣裙、小码女装、NIKE 篮球鞋。

属性卖点词：休闲、瘦身、修腰。

类目关键词：iPhone 6（手机类）、羊绒衫（女装类）、公仔（毛绒玩具类）。

如果在一家男装网站打出以下关键词组合：包邮七匹狼商务休闲长款男装男式白色带帽立领棉衣外套，那么，其关键词分解如下。

营销关键词——包邮

意向性关键词——七匹狼商务

属性卖点词——休闲长款

类目关键词——男装

长尾关键词——男式白色带帽立领棉衣外套

其顺序不是一成不变的，要活学活用，最关键的是组合后的标题读起来顺畅。注意：如果卖家的商品是正品，一定不要忘了加上货号；如果是散货的话，建议不要写货号。

二、详情页文案描述与主图优化

当顾客第一次光临店铺时，其关注的通常是商品的图片、相关说明、价格、卖家信誉、店铺的专业性与整体感觉等。正常情况下，一个店铺的商品图片都不会少于 200 张。有时候，店铺中商品的曝光和点击率都很不错，可就是转化率却很低。要解决这个问题，除了商品标题优化外，还需要从商品主图和详情页优化入手。

（一）商品的使用效果图

有时候文字常常难以将商品的使用效果清楚地表达出来，商家可以通过图片将商品的功效、使用效果传达给消费者，再配上简洁、易懂的文案，清晰地告诉消费者这个商品怎么使用、使用后的效果如何，直戳消费者的痛点，刺激消费者购买，如图 4-5 所示。

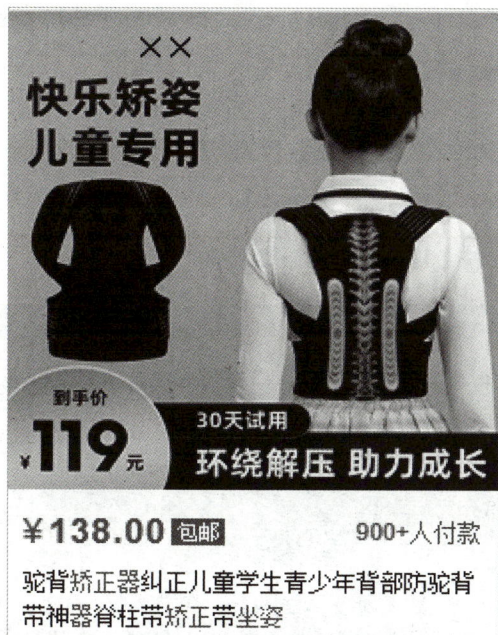

图 4-5　商品的使用效果图

（二）商品的成分表

消费者购买商品时，一般都会关心商品的材质、含量、成分，所以需要将商品的成分表添加到详情页。消费者看到有符合自己需求的商品，便会选择优先购买。对于一些不常见的成分，可以适当予以解释，特别是作用，会对提升消费者购买意愿有不小的帮助，如图4-6所示。

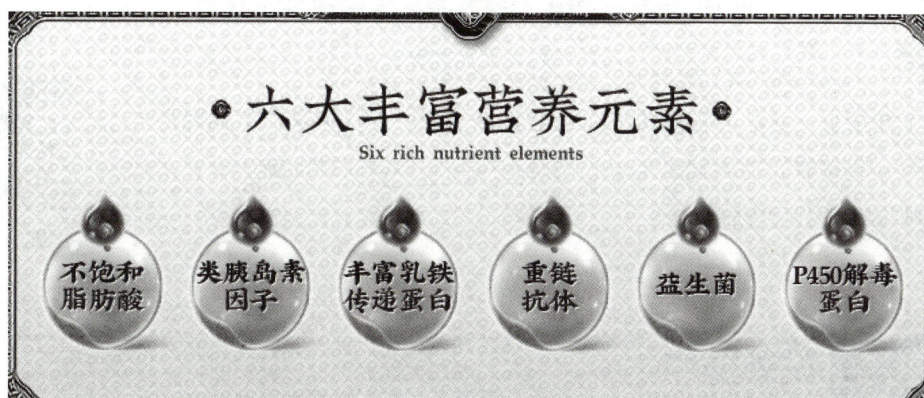

图 4-6　骆驼奶粉的商品成分表

（三）买家秀、明星秀及达人秀

以服装为例，如果只有模特图，是很难刺激到买家的，毕竟不是人人都有模特的身材。详情页中如果添加一些买家秀、明星秀、达人秀等图片，可以使消费者产生"他们穿着效果不错，我也可以试试"的想法，这就是真实图片秀的魅力，如图 4-7 所示。

不带钻也好看 上身美美哒 爱了爱了

图 4-7　买家秀

　　除了详情页，商品的轮播图和描述也非常重要。一些买家根本就懒得去看详情页，直接看轮播图就决定了买还是不买。此外，商品的描述不要太夸大，否则很容易引起售后问题。

主图的几个要点

任务二　站外推广

　　通常，网络店铺推广分为站外推广和站内推广，本节介绍站外推广的方法，下节介绍站内推广的方法，站外推广主要有搜索引擎营销、软文推广和视频推广，视频推广内容将在项目七社群与新媒体运用部分的抖音运营中予以分析。因此，下面着重分析搜索引擎营销和软文推广两部分内容。

一、搜索引擎营销

（一）搜索引擎营销的概念

搜索引擎营销，又称SEM（Search Engine Marketing），是通过搜索引擎优化、搜索引擎排名及研究关键词的流行程度和相关性，在搜索引擎的结果页面取得较高排名的营销手段。有一种普遍的看法，认为搜索引擎广告等同于搜索引擎营销，搜索引擎营销一般是付费推广，如图4-8所示。

图 4-8　某搜索引擎页面

搜索引擎营销是网络营销的主要手段，对于网站推广、网络品牌推广、产品推广、在线销售等具有明显的效果。它通过较高的搜索引擎排名来增加网站的点击率，即浏览量，从而获得产品或服务销售额的飙升。根据网络调研数据，排名前10的网站占据了72%的点击率，排名10~20之间的网站拥有17.9%的点击率，而排名20以后的所有网站只有10%的点击率。搜索引擎营销的方法包括搜索引擎优化（搜索引擎自然排名）、分类目录登录、搜索引擎登录、付费搜索引擎广告、关键词广告、竞价排名、地址栏搜索、网站链接策略等。

搜索引擎分为全文搜索引擎、目录搜索引擎、元搜索引擎和垂直搜索引擎。对于网店运营来说，目录搜索引擎和元搜索引擎基本用不到，垂直搜索引擎后面的直通车会讲到，因而本部分重点介绍全文搜索引擎。

（二）全文搜索引擎及其营销方法

1. 全文搜索引擎的概念

全文搜索引擎是名副其实的搜索引擎，国外代表有谷歌（Google），国内则有著名的百度搜索。它们从互联网提取各个网站的信息（以网页文字为主），建立起数据库，并能检索与用户查询条件相匹配的记录，按一定的排列顺序返回结果。

根据搜索结果来源的不同，全文搜索引擎可分为两类，一类拥有自己的检索程序（Indexer），俗称"蜘蛛"（Spider）程序或"机器人"（Robot）程序，能自建网页数据库，搜索结果直接从自身的数据库中调用，上面提到的Google和百度就属于此类；另一类则是租用其他搜索引擎的数据库，并按自定的格式排列搜索结果，如Lycos搜索引擎。

实施搜索引擎推广，就是要使网站被搜索引擎收录。要被搜索引擎收录，除了等待搜索引擎的爬虫程序找到网站后进行索引之外，还可以主动向搜索引擎提交网站地址。

2. 全文搜索引擎营销技巧

利用谷歌、百度等开展搜索引擎营销是需要付费的，但是营销效果也很显著。通过搜索引擎营销，可以很快抓住客户的眼球，为卖家提供数据画像和行为跟踪数据。全文搜索引擎营销的技巧有以下五点。

目录搜索引擎、元搜索引擎和垂直搜索引擎

（1）构造适合搜索引擎检索的信息源。信息源被搜索引擎收录是搜索引擎营销的基础，这也是网站建设成为网络营销基础的原因，企业网站中的各种信息是搜索引擎检索的基础。由于用户通过检索之后还要来到信息源获取更多的信息，因此，这个信息源的构建不能只是站在搜索引擎友好的角度，也应该包含用户友好，这就是我们在建立网络营销网站时所强调的。网站优化不仅仅是搜索引擎优化，还包含三个方面，即对用户、对搜索引擎、对网站管理维护的优化。

（2）创造网站、网页被搜索引擎收录的机会。网站建设完成，并发布到互联网上并不意味着自然可以达到搜索引擎营销的目的。无论网站设计多么精美，如果不能被搜索引擎收录，用户便无法通过搜索引擎发现这些网站中的信息，当然就不能实现网络营销的目的。因此，让尽可能多的网页被搜索引擎收录是网络营销的基本任务之一，也是实施搜索引擎营销的基本步骤。

（3）让网站信息出现在搜索结果中靠前的位置。网站、网页仅仅被搜索引擎收录还不够，还需要让企业信息出现在搜索结果中靠前的位置，这就是搜索引擎优化所期望的结果。因为搜索引擎收录的信息通常很多，当用户输入某个关键词进行检索时，会反馈大量的结果，如果企业信息出现的位置靠后，被用户发现的机会就会大大降低，搜索引擎营销的效果也就无法保证。

（4）以搜索结果中有限的信息获得用户关注。通过对搜索引擎检索结果的观察可以发现，并非所有的检索结果都含有丰富的信息。用户通常并不能点击浏览检索结果中的所有信息，需要对搜索结果进行判断，从中筛选一些相关性最强，最能引起用户关注的信息。做到这一点，需要针对每个搜索引擎收集信息的方式进行针对性的研究。

（5）为用户获取信息提供方便。用户通过点击搜索结果而进入网站、网页，是搜索引擎营销产生效果的基本表现形式，用户的进一步行为决定了搜索引擎营销是否可以最终获得收益。

在网站上，用户可能为了了解某个产品的详细介绍，成为注册用户。在此阶段，搜索引擎营销将与网站信息发布、顾客服务、网站流量统计分析、在线销售等其他网络营销工作密切相关，在为用户获取信息提供方便的同时，与用户建立密切的关系，使其成为潜在顾客，或者直接购买产品。

二、软文推广

软文是基于特定产品的概念诉求与问题分析，对消费者进行针对性心理引导的一种文字模式，从本质上来说，它借助文字的舆论传播力，使消费者认同某种概念、观点和分析思路，从而达到企业品牌宣传、产品销售的目的。

软文推广就是指通过特定的概念诉求、以摆事实讲道理的方式使消费者走进企业设定的思维圈，以强有力的针对性心理攻击，迅速实现产品销售的目的。例如，新闻、第三方评论、访谈、采访、口碑。软文推广的渠道比较多，例如，门户网站、地方网站、垂直网站、论坛平台、各种博客平台、各种问答平台等。

（一）常见的软文类型

1. 知识型软文

顾名思义，知识型软文主要偏向知识科普类的文章，在知识分享的同时植入所要表达的内容。例如，我们在写某一企业发展史的时候，可以带上技术架构等一些比较有优势的技术语言。

2. 经验型软文

经验型的文章主要是给读者介绍某件事的经过。例如，"我是如何从××到××的"。可以从在某行业有代表性的人物入手，通过描写该人物创业成长的过程，传授某些经验，并在文章中适当融入产品信息，这样的广告方式不但不会让人反感，反而会让人觉得自己发现了秘密。

3. 娱乐型软文

娱乐型的文章可以多参考各种笑话，或是一些比较火的段子，从中提取一些不错的要素，与自身的产品结合起来，这样的软文更能让人接受。

4. 争议型软文

往往带有争议的话题最能吸引用户的注意，例如，"00后现在买得起房吗？""富二代才能住的别墅"等，此类文章得到的曝光率和关注度都是非常高的。

所以在写软文时，可以尝试此类型的文章，学会加入一些争议性的话题来增加关注度。

5. 情感型软文

情感表达由于信息传达量大、针对性强，更能使人产生共鸣。情感最大的特色就是容易打动人、容易走进消费者的内心。在此类文章中适当地植入广告也不会显得突兀，相反还会让读者产生某种特定的情愫。

6. 故事型软文

人们都喜欢听故事，"故事"这个"情结"永远都是人们所热衷的。这种类型的文章可以描写真实发生的事情，或是看起来真实发生的故事，可以主动带入想要表达的主题，在文章中随意又不明显地推广某产品。这种软文可读性较高，接受度也很高。

我们要根据自身的情况来确定不同的软文类型，信息植入一定要讲究方法，要学会引导用户，从而达到我们预期的效果。

（二）软文推广的四个环节

营销软文的目标是为了品牌塑造或产品曝光。软文营销一般包括软文撰写、投放媒体、有效投放、效果监控四个方面。

1. 软文撰写

知道我们的目标人群是哪些人后，我们要开始撰写这些人产生兴趣的软文。软文撰写需要注意以下几点：

第一，满足用户所需，使用户通过软文获得想要的信息。

第二，用户能较容易找到软文，目前最好的引流方式是百度搜索引流。用户通过百度搜索某个关键词，找到我们的标题，并进入软文正文，这便是我们需要做的关键词排名。可以根据用户搜索习惯，选择搜索量相对高的关键词，围绕关键词撰写软文，合理布局关键词密度，以便获取排名。

第三，正文要足够吸引人。多数的人都不会喜欢硬生生的广告介绍，就像电视节目一样，以前的电视节目在播放到中间时，总会插播几分钟的电视广告，这就是"硬广"，相信没有几个人会喜欢这种广告形式。"软广"不会硬生生地打断电视内容，而是巧妙地融入电视剧情里，如"红牛""东鹏特饮"等知名品牌就经常会冠名电视节目。软文也一样，广告不能太过暴露，硬生生很容易造成用户反感，要适当融入文章内容，可以多以故事类、情感类软文插入"软广"。

一般软文的篇幅根据本身性质而定，最好不要超过1 200字，太长的软文很容易造成用户阅读疲劳，软文中适当插入图片，以简洁、精彩的内容吸引用户。

2. 投放媒体

"质"永远会比"量"的效果大，媒体平台选择再多，也比不上一个合适的媒体产生的效果好。根据自己行业性质、品牌对应人群、媒体平台用户量、活跃度、媒体传播覆盖面积来做比较，选择好的平台进行投放。例如，护肤品投放到以女性用户为主的媒体平台——小红书、女人街等平台会产生更好的效果。

此外，还要分辨投放的软文广告性质强不强烈，有的媒体平台能加联系方式（二维码），适合销售产品，有的媒体平台不能加联系方式，只适合品牌宣传。

3. 有效投放

有效投放指的是软文的效果，如把软文发布到一个百家号上，百家号已经收录排名，然后你又把同样的软文发布到另一个媒体中，或者把软文大量发布到其他平台，最终都没产生效果。那么，有效投放仅仅为第一篇百家号的文章，其余都是无效投放。

现在注重保护原创，一篇软文即使在多家媒体平台公司上发布，也只能被搜索引擎收录最早一篇。所以想要有效投放，还是要有针对性地进行投放。

4. 效果监控

想要证明软文营销是否有效果，数据监控是必然要做的。营销是否有效，取决于数据，而不是想象。各媒体投放的软文价格、收录、排名，还有软文阅读人数、关注人数、转化人数等都需要监控，如果没有数据监控，就不能知道哪个平台有效果，哪个平台没效果。

任务三　站内推广

综合搜索引擎营销是站外推广的方式，但当买家在购物平台内部搜索商品时，需要网店运营人员给予平台的垂直搜索引擎营销，如直通车。购物平台对网店推出了站内推广和站外推广是为了促进店铺引流，提高商品销售。当前，主要的站内推广方法有店内日常付费推广和活动推广两种。

一、店内日常付费推广

店内日常付费推广的目的是增加店铺流量和商品销量，以直通车和钻展为例，说明店内日常付费推广的有关知识。

（一）直通车

无论是老店还是新店，只要店铺需要运营，几乎都会选择直通车这种推广方式。

直通车是一种搜索竞价方式，这款工具计价方式是CPC付费（Cost Per Click，即点击付费），能够实现商品的精确推广。它可以通过关键词，精准定位到对产品有购买意愿的买家，从而有效地提高流量转化率，如图 4-9 所示。

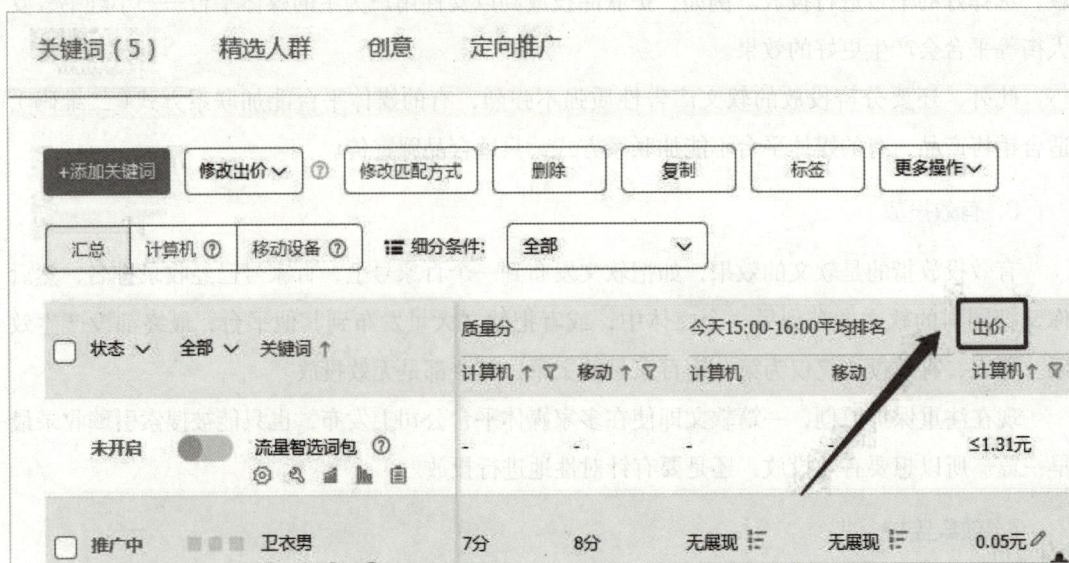

图 4-9   直通车付费点击

直通车主要是提供所设定的关键词，商家进行自由地竞价购买，一般是按照每个关键词出价 0.05 元，最高出价 99 元，每次加价最低为 0.01 元。直通车提供的服务很多：首页热卖单品活动、各个频道的热卖单品活动、不定期的各资源整合的直通车用户专享活动。

2021 淘宝直通车
推广条件

根据数据，商家可以删减点击率低的、排名不高的关键词，而有用的、转化率高的关键词。

（二）钻展

钻石展位，简称钻展，是指依靠图片创意吸引买家点击，从而获取巨大流量的推广方式。品牌展位版基于每天的庞大访客和精准的网络购物数据，可以帮助卖家更清晰地选择优质展位，更高效地吸引网购流量，以达到高曝光、高点击的传播效果。

钻展是淘宝旗下的图片类广告竞价投放平台，主要是依靠图片创意去吸引点击，其加价方式是按照 CPM（Cost Per Mille，即每千次展现收费）计算，价格是高者优先。这种图片广告比直通车好的是它能够通过图片自己去找寻用户，而不是靠用户搜索关键词去匹配商品，主动性更强。而且，钻展的引流覆盖面很广，能够尽可能的包容到各类用户，这是直通车的推广达不到的，如图 4-10 所示。

图 4-10　钻展图

二、活动推广

想要保持流量引入，持续活跃、适当的活动是催化剂。定期举行满减、优惠价、卖家秀送礼品、满购包邮等活动，能够给用户一种买到即赚到的错觉，从而有利于店铺和商品的推广，活动推广主要有以下五种类型。

（一）折价

折价是在产品促销中采取的最常见、也是最有效的促销策略。所谓折价，就是指厂商通过降低产品的售价，以优待消费者的方式。这种促销策略一般适用于刚刚上市、急需打开市场销路或博取消费者眼球的产品。折价策略的方式主要有直接折价、附加赠送和套餐式折扣三种，如图 4-11 所示。

图 4-11　折价促销

采取折价策略的优点非常明显，就是生效快，在短期内可以快速拉动销售，增加消费者的购买量，不但对消费者具有冲击力和诱惑力，经销商也很感兴趣。同时，采取折价策略可以快速反应，令竞争对手措手不及，从而使自己处于比较主动的竞争地位。

但采取折价策略的缺点也是非常明显的。主要表现在不能根本解决营销困境，只可能带来短期的销售提升。同时，产品价格的下降将导致企业利润的下降。产品价格一旦下降，想要恢复到以前没有折价的水平，可能性会非常小。折价策略还会打击消费者对品牌的忠诚度，引发竞争对手的反击，容易导致价格竞争，造成两败俱伤的结局，不利于企业和行业的长远发展。

（二）附送赠品

附送赠品策略是指消费者在购买产品的同时，可以得到一份产品以外的赠送。这种促销策略适用于不同状况的产品。主要方式有包装内赠品、包装上赠品和包装外赠品三种，如图4-12所示。

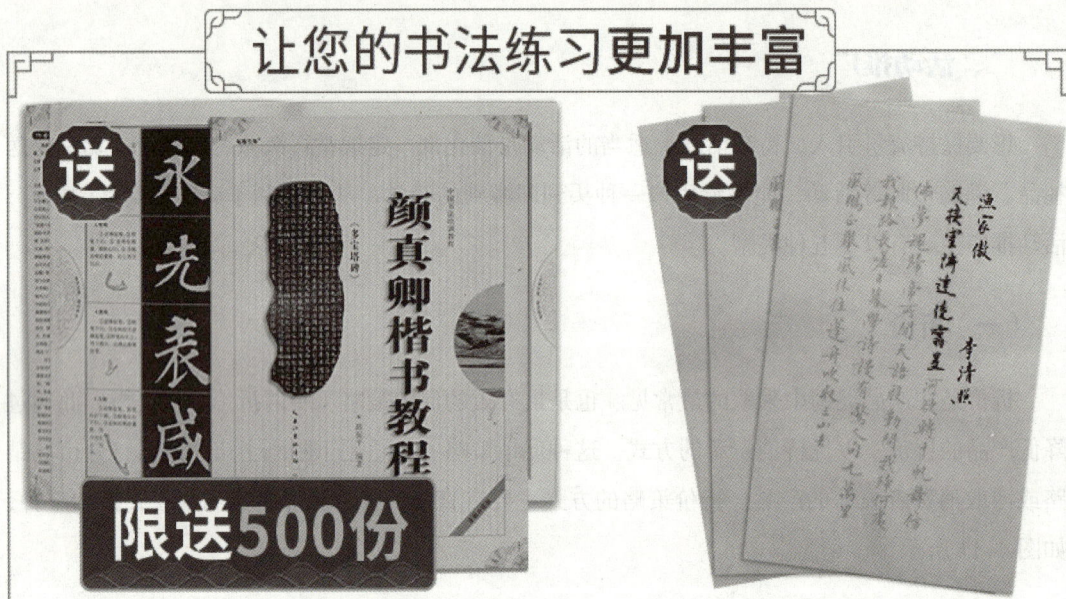

图 4-12　毛笔销售赠品

附送赠品策略可以创造产品的差异化，增强对消费者的吸引力；可以细分市场，增加消费者尝试购买的概率；促使消费者增加产品的使用频率，加速消费者对产品的重复购买；促进经销商推介产品的积极性，实现产品的快速销售。

但采取附送赠品策略有时会取得相反的效果。赠品太差会打击品牌和销售。曾经有一个手机厂家，为了促进产品销售，采取购买手机赠送电子收音机的促销策略，但是赠送的收音机质量太差，最终不仅没有取得促销的效果，反而弄巧成拙，在消费者中造成了极坏的影响，厂家最后不得不终止了这种促销活动。

（三）满减

满减策略是指在消费者购买商品时给予一定金额的减免。这种促销策略适用于新入市的品牌或已有一定品牌影响力的产品。

满减策略包括购买单一商品的减免策略、购买同一厂家的多种商品的减免优惠、联合减免优惠、升级减免优惠四种形式。所谓升级减免策略，是指购买得越多，折后的价格越低，这种升级减免优惠策略是厂家最常采用的促销策略，如图4-13所示。

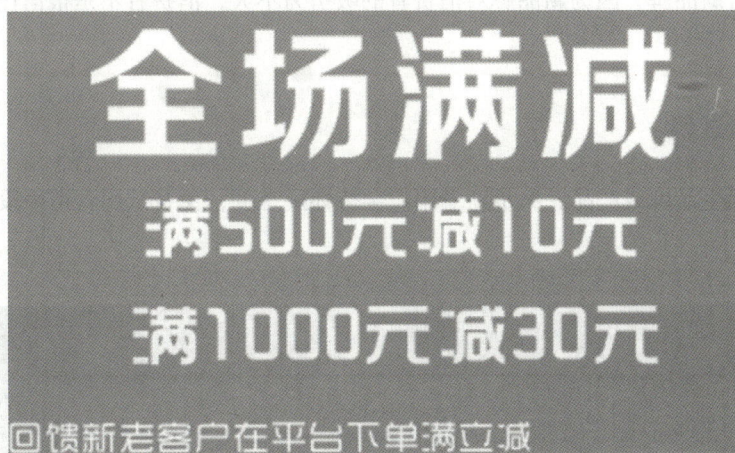

图4-13　升级减免

采用满减策略的优点表现在对品牌形象影响较小，不会引发同行之间的恶性竞争，可以刺激消费者再次购买和重复购买，培养消费者对品牌的忠诚度，实现商品的快速销售。但采取满减策略的缺点是厂家需要牺牲自身的利润来换取产品的快速消化。

（四）凭证优惠

凭证优惠策略通常由卖家设置优惠券来实现，是指商家在促销过程中，让消费者依据某种认可的凭证享受购买时的优惠。这种促销策略往往表现在联合促销活动中。两个厂家相互优势互补，实现各自产品销售的最大化，如图4-14所示。

图4-14　优惠券

采取凭证优惠策略的优点是可以增强消费者的忠诚度，吸引固定消费群体；可以有针对性地开展促销活动，对有消费需求的消费者的效果比较好。但这种促销策略的缺点是兑换过程比较难控制。在执行的过程当中，如果执行不到位，可能会对品牌造成一定的伤害。另外，这种促销策略不适合新品牌，因为新品牌对消费者的吸引力不大，消费者不是很信任，消费者的参与度比较低。

（五）免费试用

对于一些陌生品牌或产品，大量新老用户会持怀疑态度，免费试用营销手段应运而生，如图 4-15 所示。

图 4-15　免费试用

采取这种促销方式的通常为新开网店，亟须打开市场，积累客户。店铺希望通过免费试用，引起消费者的注意，通过试用后的好感，引导消费者给出图文好评，积累网店信用，使消费者产生后续购买力。

免费试用策略有利于提高产品的入市速度，能够有针对性地选择目标消费群体，吸引消费者购买，而且可以在消费者中形成传播效应，提高品牌知名度和品牌亲和力。但采取这种促销方式的费用成本相对较高，活动操作管理的难度较大。

📖 案例延伸

战胜谷歌也许是百度的宿命，包容谷歌无疑是李彦宏的智慧

百度的创始人李彦宏是一个不按常理出牌的人，在 2000 年初百度刚成立不久的时候，就已经被全球搜索巨头谷歌盯上了。

此时国内的互联网搜索引擎行业并不强大，即使是经历了两年高速发展期的百度，用

户流量的积累在谷歌面前也不值得一提。

对于百度而言，谷歌无疑是其在这个世界上最强大的竞争对手。对于谷歌来说，百度也是其占领中国市场过程中唯一的障碍。

就在谷歌强势来袭之际，当时国内的大部分搜索引擎都因唯恐避之不及而选择关门大吉，李彦宏却感到前所未有的兴奋。

李彦宏曾说："谷歌很强大，终于有机会能和谷歌正面较量，这让我很兴奋。"同时，李彦宏也终于启动了自己的杀手锏——"闪电计划"。

"闪电计划"的疯狂之处不仅是速度快如闪电，而是要在短短9个月的时间内，将百度搜索引擎的技术提高到能与谷歌相抗衡的水平，也就是说百度的日访问量必须要达到过去的十倍，同时还要在信息下载量和网页速度方面全面超越谷歌。

李彦宏很清楚谷歌有多强大，但在李彦宏自家的主场不允许有任何闪失，所以百度的底线是在内容的更新上只允许谷歌的英文比百度多，但绝不允许谷歌的中文比百度强。

说着简单，想做到哪有那么容易。当时谷歌内部的技术人员有800名以上，而百度的"闪电小组"仅有区区15人，百度凭什么四两拨千斤？

凭信念，凭鼓励！员工懈怠了，李彦宏就亲自鼓励；员工质疑了，李彦宏就亲自动员，凭借着一次又一次的动员和鼓励百度确实做到了。

百度战胜了谷歌，但百度并不想把谷歌驱于国门之外，即使是在之后开展的"万人公测"中，百度依然以55∶35的好评率战胜了谷歌。

百度只有一个目标，那就是让中国的网络用户知道百度的存在，中国有自己的搜索引擎，而且不比国外的差，仅此而已。

（资料来源：腾讯网，2020.12.09）

📦 项目检测

一、单项选择题

1. 与实体店相比，网店最大特点就是（　　　）。

　　A. 实惠　　　　　　　　　　　B. 虚拟性

　　C. 商品繁多　　　　　　　　　D. 快捷性

2. 当顾客第一次光临店铺时，其关注的通常是产品的（　　　）、相关说明、价格、卖家信誉、店铺的专业性与整体感觉等。

　　A. 标题　　　　　　　　　　　B. 产品质量

　　C. 图片　　　　　　　　　　　D. 店面

3. 顶级关键词的特点是（　　　）。

　　A. 竞争大　　　　　　　　　　B. 精准度差

　　C. 容易排名　　　　　　　　　D. 搜索量小

4.（　　　）是全文搜索引擎。

A. 百度

B. 阿里巴巴

C. 京东

D. 知乎

5. 不是常见的软文类型有（　　　）。

A. 知识型软文

B. 经验型软文

C. 娱乐型软文

D. 陈述型软文

6. 软文营销一般包括（　　　）、投放媒体、有效投放、效果监控四方面。

A. 软文策划

B. 软文学习

C. 软文检查

D. 软文撰写

二、判断题

1. 网店内部优化，主要涉及SEO，即搜索引擎优化。（　　　）

2. 搜索引擎营销是免费的。（　　　）

3. 宝贝标题限定在 30 个汉字（60 个字符）以内。（　　　）

4. 直通车是一种搜索竞价方式，这款工具计价方式是CPC付费（点击付费），能够实现商品的精确推广。（　　　）

5. 钻展是淘宝旗下的图片类免费广告投放平台。（　　　）

三、简答题

1. 全文搜索引擎营销技巧有哪些？

2. 网店活动推广的类型有哪些？

四、趣味挑战

注册新浪微博，并以某话题为核心发表相关图文内容，对所发表的内容进行跟踪和监控分析，从中掌握和理解微博内容发布及微博功能使用的作用及意义。

扫码看答案

实训拓展

1. 实训名称

搜索引擎营销。

2. 实训目标

（1）叙述搜索引擎营销的方法。

（2）通过搜索引擎营销，把营销信息显示在突出位置，有效传递给目标用户。

3. 实训要求

（1）能够应用百度推广搜索引擎营销。

（2）通过对搜索引擎网址登录的认识，了解搜索引擎对网络营销的作用。

（3）学习和对比各个搜索引擎的收录情况。

4. 实训仪器

U盘、投影设备、局域网、计算机、互联网、交换机、网线。

5. 实训内容与步骤要求

（1）从备选网站中选定一个企业网站。

（2）浏览该网站并确认该网站最相关的 2~3 个核心关键词（如主要产品名称、所在行业等）。

（3）用每个关键词分别在搜索引擎谷歌和百度进行检索，了解该网站在搜索结果中的表现，如排名、网页标题和摘要信息内容等，同时记录同一关键词检索结果中与被选企业同行的其他竞争者的排名和摘要信息情况。

（4）根据有关信息分析被调查网站的搜索引擎友好性。

附：本实验备选网站网址（10 个）

www.hisense.com.cn

www.shanshan.com.cn

www.changhong.com

www.mengniu.com.cn

www.gsygroup.com.cn

http://www.robust.com.cn

www.yeshu.com

www.hongdou.com.cn

www.youngor.com

www.shuanghui.com.cn

6. 考核标准或评价

（1）实训后，学生将实训结果等内容写成实训报告。

（2）指导教师对每份实训报告进行审阅、评分。

（3）该实训课程是对理论教学内容的应用与验证，实训课的成绩记入课程平时成绩，占总成绩的 20%。

项目五

运营数据分析

知识目标

1. 了解数据分析在网店运营中的重要性和作用。
2. 掌握基本的数据分析工具。
3. 掌握电商数据运营的指标。

能力目标

1. 掌握主要电商数据运营的基本方法。
2. 具备电商数据指标分析能力。
3. 能通过数据分析，提出优化建议。

思政目标

1. 培养对数据的敏感性，树立数据分析的意识。
2. 形成规范的电商数据运营化思维。

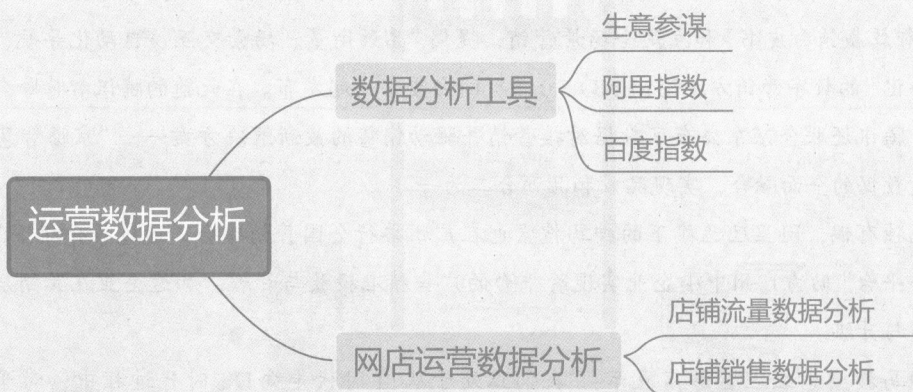

案例导入

大数据营销生意火爆，互联网大佬纷纷"掺和"进来

互联网时代，数字营销大家都不陌生。但随着网络平台的信息爆炸，数字营销却日渐变得低效起来，那么在新的数字经济环境下，企业尤其是中小企业要如何准确地找到自己的目标客户呢？基于技术的精准营销无疑是个靠谱的解决方案。也正是因此，如今大数据营销的生意可谓越来越火爆，就连腾讯、阿里这样的互联网大佬也纷纷"掺和"了进来。

腾讯智慧峰会广州场拉开帷幕。会上，众多数字营销精英共聚一堂，围绕"技数领航 智能赢销"这一主题，探讨了人工智能（Artificial Intelligence，简称AI）时代之下，营销领域将面临的巨大机遇和挑战。

时任腾讯副总裁郑香霖表示，AI正在改变营销的未来，而大数据的发展和应用，不仅颠覆了营销以及更多行业的核心规则，同时也让发展到"深度学习"阶段的AI开始在营销领域崭露头角。他指出，随着时代的变迁、技术的更迭，营销的核心价值从Big Idea转变为Big Data。如今"一个Big Idea"需要通过大数据，找到多个匹配的媒体，与消费者建立联系。当下每天产生近18万亿个G的数据量，而被人们真正智能化开发利用的仅占整个数据量的1%。这些数据非常庞大并已经到达人类处理不了的程度，但对AI来说却是小菜一碟。随着数据量的扩容、细分，大数据正在向AI进化，AI将重塑整个营销的分析、生产与流程。在AI时代，"Big Data"将成为更重要的"营销生产力"，帮助营销人一起开发大数据的无限潜能。

郑香霖表示，未来AI将为数字营销带来四大转变：让内容更具智慧、让触达场景更动态、让内容场景更互动、让媒介管理更智能。针对这种趋势，腾讯在本届峰会上发布了《腾讯智慧赢销白皮书》和立足全场景营销，提倡"品效衡量、场景交互、自动化导航、原生差异化"的数字营销方法论MIND 5.0版也随白皮书一起发布。在此前的腾讯智慧峰会北京站，腾讯还联合京东公布了数据对接营销并驱动销售的最新解决方案——"京腾智慧"，通过大数据的全面融合，实现品效和品商合二为一。

无独有偶，阿里巴巴旗下的神马搜索也在广州举行全国营销峰会。通过推介旗下"汇川广告平台"助力广州中小企业实现跨平台的广告精准投放与管理，加速企业在营销层面的转型与升级。

神马搜索总经理曾洪雷表示："我们正处于从IT时代走向DT时代过程中，对于数据价值的挖掘将会带来一系列变革。神马搜索一方面会持续推进以"DT搜索"和"推荐引擎"为代表的产品创新的同时，积极利用阿里大数据的优势，抓住互联网营销的两大"风口"：精准投放和程序化购买，成为营销领域的技术实力派。据他介绍，今年四月上线的"汇川广告平台"依托于大数据进行整合与挖掘，在打通不同维度的媒体平台后。能够将信息通过媒体矩阵对用户新城信息的多次触达。在品传销三个层面上，"汇川广告平台"既有优酷这样的品牌类媒体资源，又有包括UC、神马搜索、微博在内的传播类媒体。此外还有淘宝、天猫这一国内最大的电商媒体平台，能够为销售带来直接转化。

汇川广告平台已经打通阿里移动事业群三大业务板块：UC、神马搜索、PP助手，并形成了独有的汇川大数据。汇川大数据的最大特点是拥有完整、真实的人口属性及消费倾向。并能实现对广告信息的精准推荐和统一管理，实现跨平台移动精准营销。

大数据营销日益火爆，从网店运营的角度你认为如何利用数据进行分析推广？

（资料来源：搜狐，2016.09.29）

任务一　数据分析工具

对于平台卖家而言，数据就是平台给卖家的成绩单。成绩好，平台分配的资源就多。同时，数据也是平台给买家的调查表，卖家可以根据结果，引导平台的市场方向。从店铺运营角度来说，选品、打造爆款、直通车、客户服务等环节都离不开数据，数据就是卖家经营的依据。接下来，介绍几种常用的平台内数据分析工具。

一、生意参谋

生意参谋诞生于 2011 年，最早是应用在阿里巴巴 B2B 市场的数据工具。2013 年 10 月，生意参谋正式走进淘系。2014 年至 2015 年，在原有规划的基础上，生意参谋分别整合量子恒道、数据魔方，最终升级为阿里巴巴商家端统一数据产品平台。很多新卖家在操作店铺的过程中，只关注流量、转化率、支付金额这几个方面，不知道怎样分析店铺数据，更不知道怎样找到问题的根源。生意参谋是淘宝最常见的数据分析工具之一，可以为卖家提供数据披露、分析、诊断、建议、优化与预测一站式数据服务。

生意参谋的功能有免费功能和付费功能之分。免费功能中我们常用到的有首页、实时、流量、品类、交易、内容、服务这七大板块。付费功能包括生意参谋标准版和专业版。我们可以通过生意参谋各个细分的功能来全面、准确地查看自己的数据和行业的数据。

另外，付费功能还包含市场洞察、流量纵横、品类罗盘、服务洞察、物流洞察、数据作战室。其中我们用得较多的就是市场洞察和流量纵横，数据量大的店铺可以用后面几个功能。付费板块对店铺的等级也是有要求的，如市场洞察需要一个钻才能开通，这对很多卖家是一道使用门槛。下面我们主要讲的是免费板块。

1. 首页板块

生意参谋首页板块中常用的有实时概况、商家成长层级、运营视窗、二级流量来源、客单看板、评价看板、竞争七项内容。

（1）实时概况：实时概况可以很直观地体现店铺的营业额相较昨日是上涨状态还是下滑状态，也可以看见昨日与今日的访客数、支付买家数、浏览量、支付子订单数等内容，如图 5-1 所示。

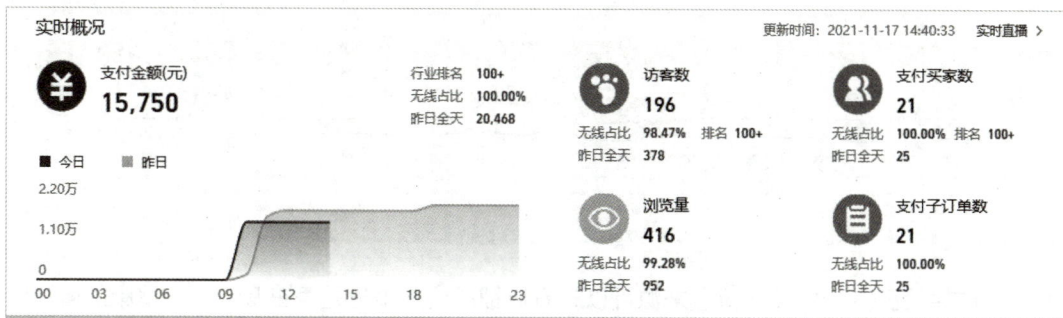

图 5-1　生意参谋首页

（2）商家成长层级：商家成长层级可以查看店铺层级是上涨状态、下滑状态还是正常状态，在店铺概括模块可以设置一下本月销售目标，这里会自动统计这个月完成了多少，如图 5-2 所示。

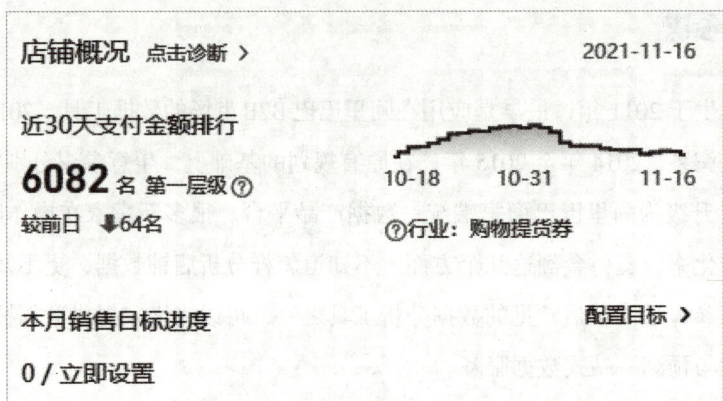

图 5-2   生意参谋店铺概况

（3）运营视窗：运营视窗可以看店铺支付金额、访客数、支付转化率、付费渠道花费、收藏人数、加购人数、加购件数等，分别对比同行平均、同行优秀，找出店铺中存在的问题。

例如，卖家盲目补单，访客很少，转化率却高于同行，这样一看明显很假，数据异常就很容易被抓的。那么我们在分析数据时，对于数据较多的店铺，可以选择看 7 天的数据；数据较少的店铺，可以看 30 天的数据，因为 1 天的数据波动比较大，参考价值不高，如图 5-3 所示。

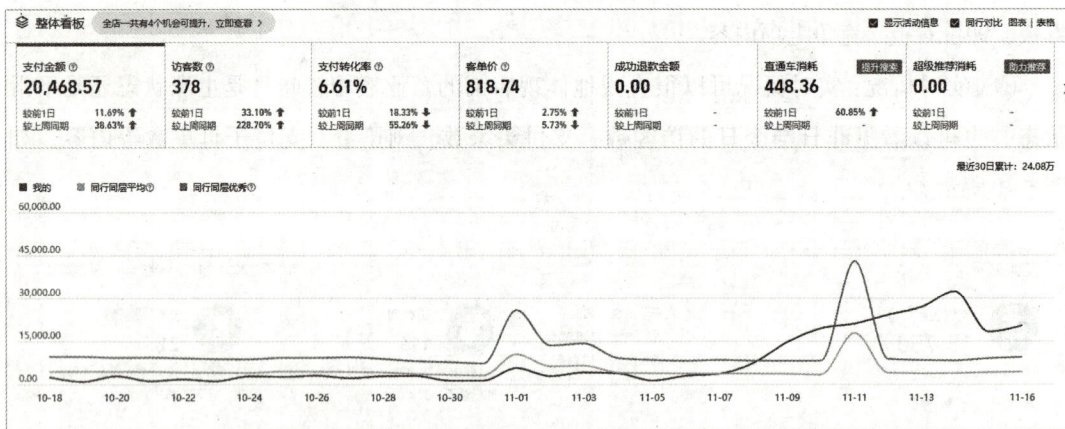

图 5-3   运营视窗

（4）二级流量来源：二级流量来源可以查看店铺的流量渠道是否正常。一个健康的店铺应该以搜索流量为主。若搜索渠道的转化高于直通车渠道的转化，说明我们直通车开的并不好，如图 5-4 所示。

图 5-4　二级流量来源

（5）客单看板：客单看板可以通过搭配推荐处商品的共同购买人数，来做卖家店铺内详情页宝贝推荐，从而提升店铺其他商品的动销率。

客单看板一共有 6 个位置，自己可以选择 3 个商品，另外 3 个商品是系统根据店铺情况智能匹配的，点击保存后发布即可，如图 5-5 所示。

怎么样做详情页宝贝推荐?

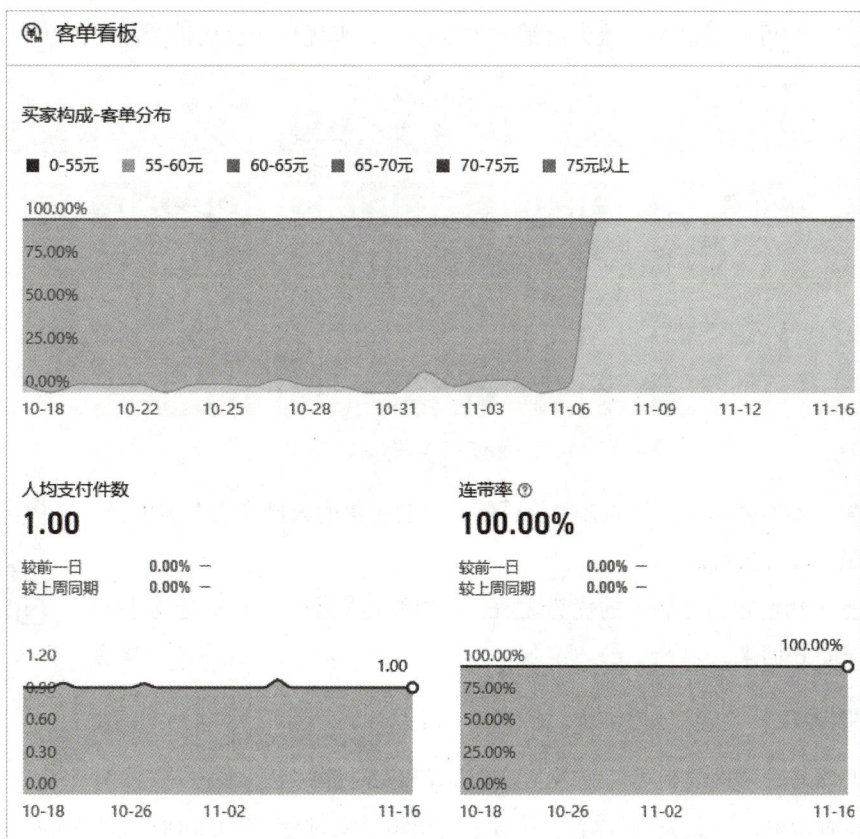

图 5-5　客单看板

（6）评价看板：评价看板可以查看店铺动态评分的变化趋势及负面排行榜，从而根据获取的信息及时处理店铺中的问题，如图5-6所示。

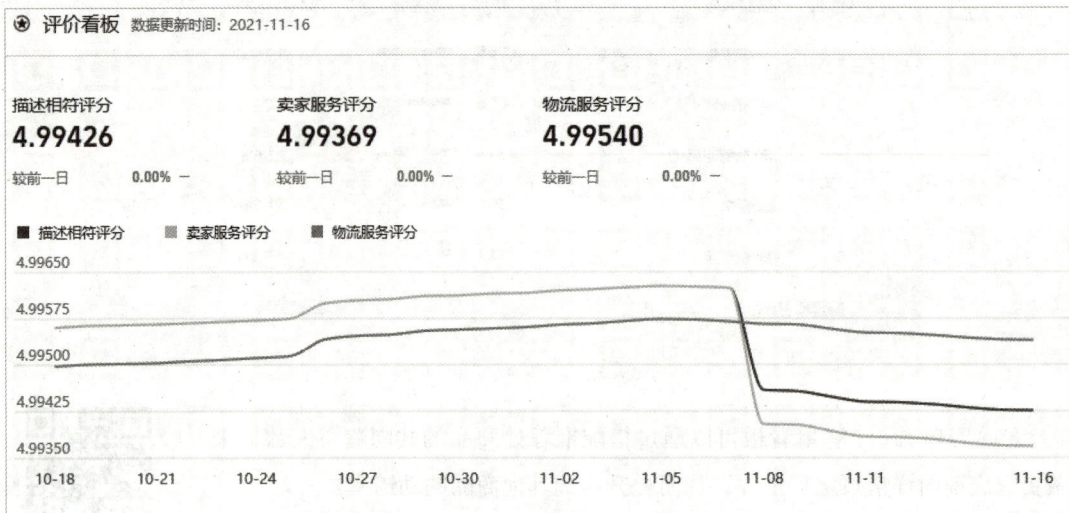

图 5-6   评价看板

（7）竞争：竞争可以查看店铺的流量、金额及流失去向，若流失金额大于营业额的一半就要注意了。我们可以通过参考流失店铺的主推产品，来优化自己店铺产品的内功和不足，如图5-7所示。

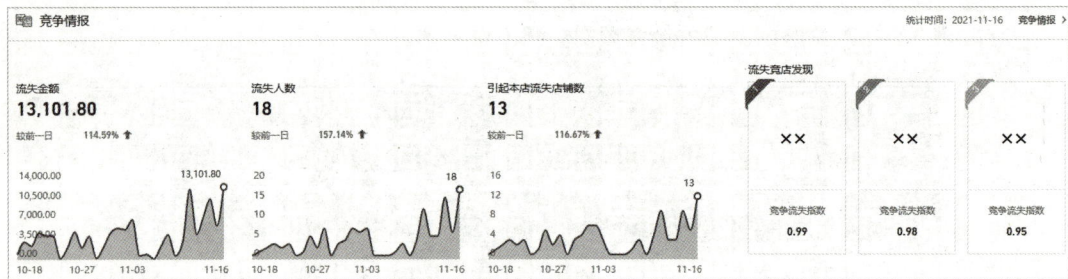

图 5-7   竞争

若流失店铺的客单价比你的客单价更低，说明店铺的人群喜欢低客单价产品，要做好精准人群。

分析竞争店铺跟自己店铺的优势之后，就要制定数据，定向反超对手，把流失的流量拉回来。

怎么去看竞店和流失款？

2. 实时板块

在实时板块中常用的有实时榜单、实时访客和实时催付宝。

（1）实时榜单：实时榜单可以查看访客数TOP50及支付金额TOP50商品的浏览量、访客数、支付金额、支付买家数、支付转化率，帮助我们有效地控制和维护数据，如图5-8所示。

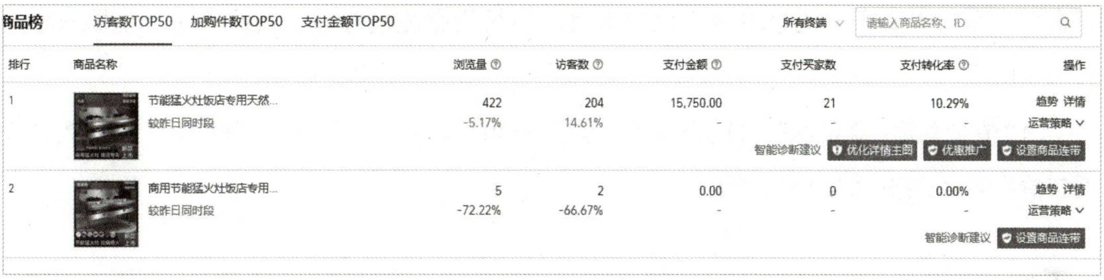

图 5-8　实时榜单

（2）实时访客：实时访客可以查看单品的实时进店渠道、访客地域分布、直通车搜索分布、手机搜索分布，其中手机搜索分布出于保障客户隐私的原因，暂不开放数据，这个地方仅供参考，如图 5-9 所示。

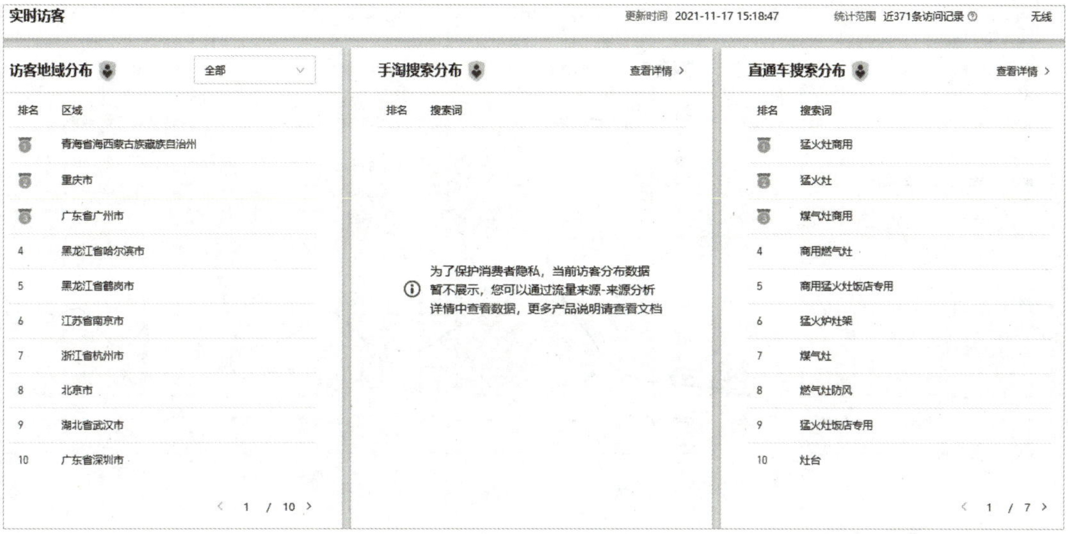

图 5-9　实时访客

（3）实时催付宝：实时催付宝可以查看下单未付款的买家旺旺，帮助卖家实时催付，如图 5-10 所示。

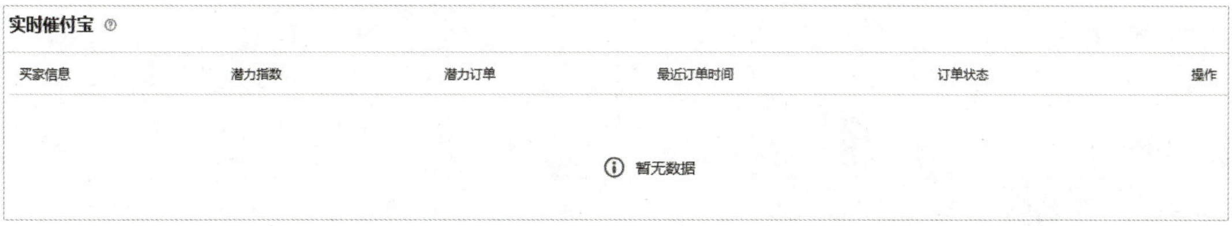

图 5-10　实时催付宝

3. 流量板块

通常流量分析主要包括流量概况、流量地图、访客数及装修分析四项内容。流量板块中常用的是流量看板，流量看板中比较重要的小板块有流量总览、我的关注、流量来源排行TOP10。

（1）流量总览：流量总览可以查看实时监控店铺的访客数、收藏数、加购数、成交数是否低于前一天的数据，如图5-11所示。

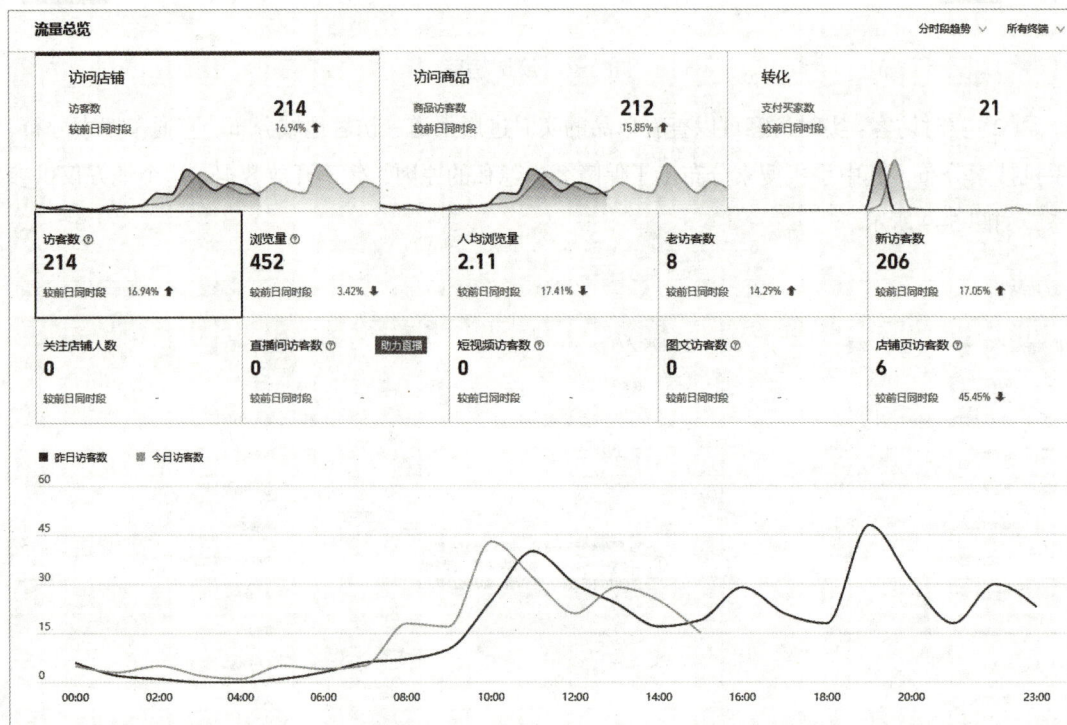

图 5-11　流量总览

（2）我的关注：我的关注可以查看你所关注的商品的流量来源、访客数，如图5-12所示。

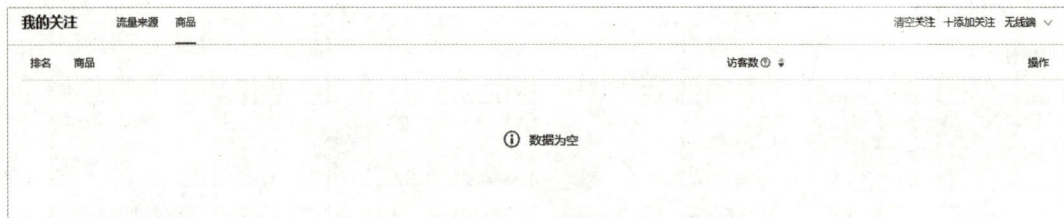

图 5-12　我的关注

（3）流量来源排行TOP10：流量来源排行TOP10可以查看实时监控各个流量渠道和昨日之间的差距，如图5-13所示。

排名	来源名称	访客数	操作
1	直通车	148	详情 趋势 商品效果
2	手淘搜索	89	详情 趋势 商品效果
3	手淘旺信	7	趋势 商品效果
4	我的淘宝	7	趋势 商品效果
5	购物车	6	趋势 商品效果
6	淘内免费其他	3	详情 趋势 商品效果
7	闲鱼	1	趋势 商品效果

图 5-13　流量来源排行TOP10

4. 品类板块

品类板块主要检测商品的动销、收藏和访问情况，还可以查看卖家商品转化率和品类排行情况。品类模块中常用的有宏观监控、商品 360。

（1）宏观监控：宏观监控可以帮助卖家甄别店内商品的访问、销售等状况，帮助卖家做店内选款，如图 5-14 所示。

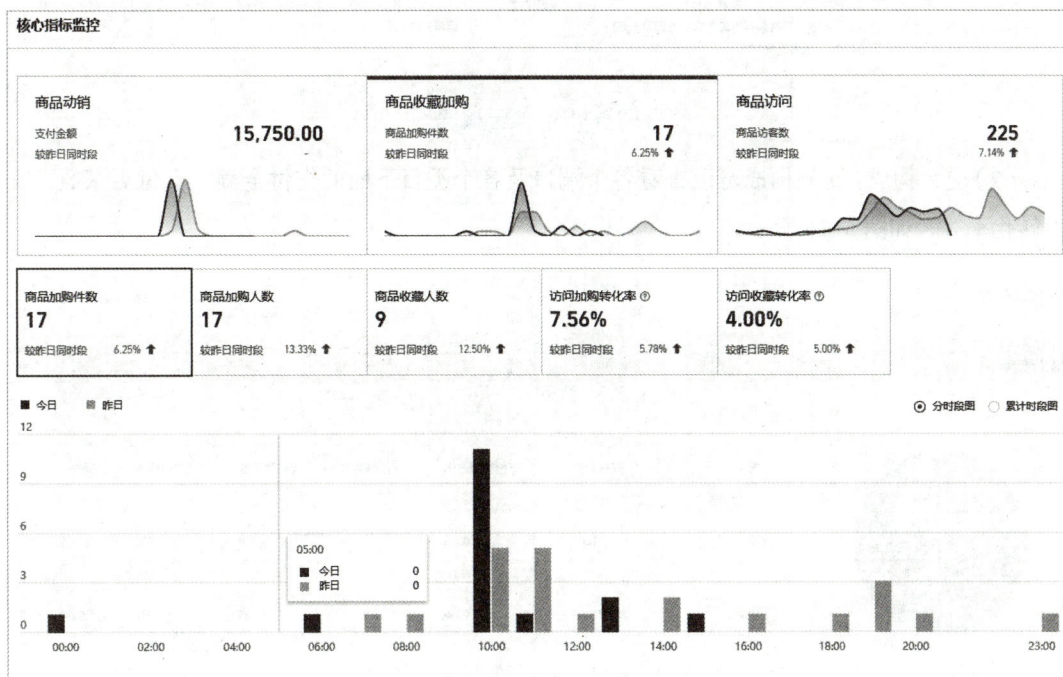

图 5-14　宏观监控

（2）商品 360：商品 360 模块中常用的有销售分析、服务分析。

销售分析可以查看SKU的销售详情，卖家可以将销售金额更高的SKU更适合放在前面。服务分析可以进行售后数据分析。

5. 交易板块

交易模块中常用的有交易概况、交易构成。

（1）交易概况：交易概况可以查看店铺当前距离下一层级差多少支付金额、访客数、下单买家数、支付转化率等，如图5-15所示。

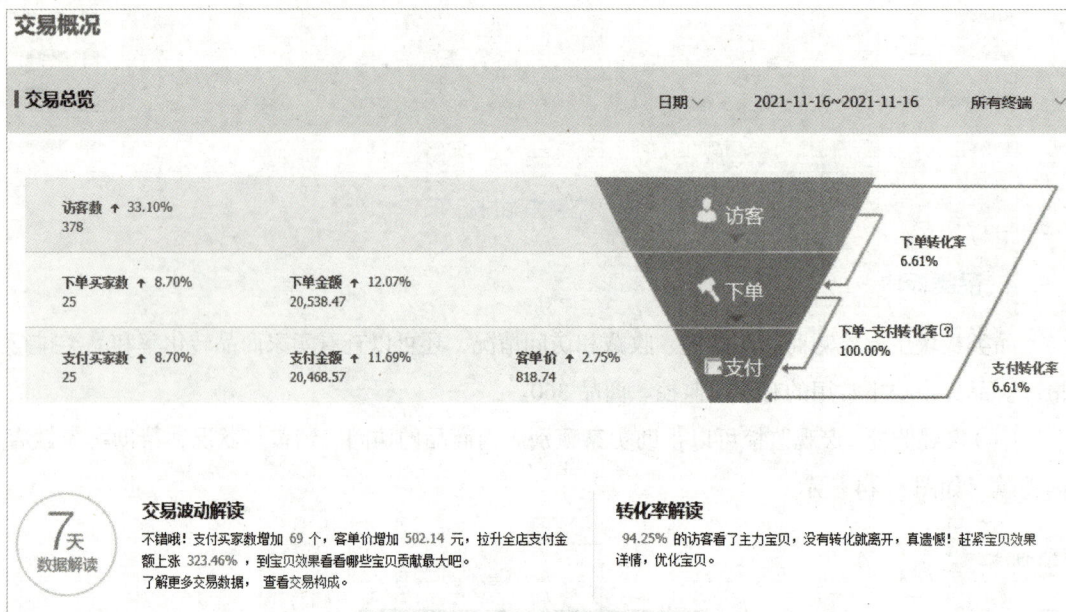

图 5-15 交易概况

（2）交易构成：交易构成可以查看各个端口及各个类目下面的支付金额、支付买家数、支付转化率等，如图5-16所示。

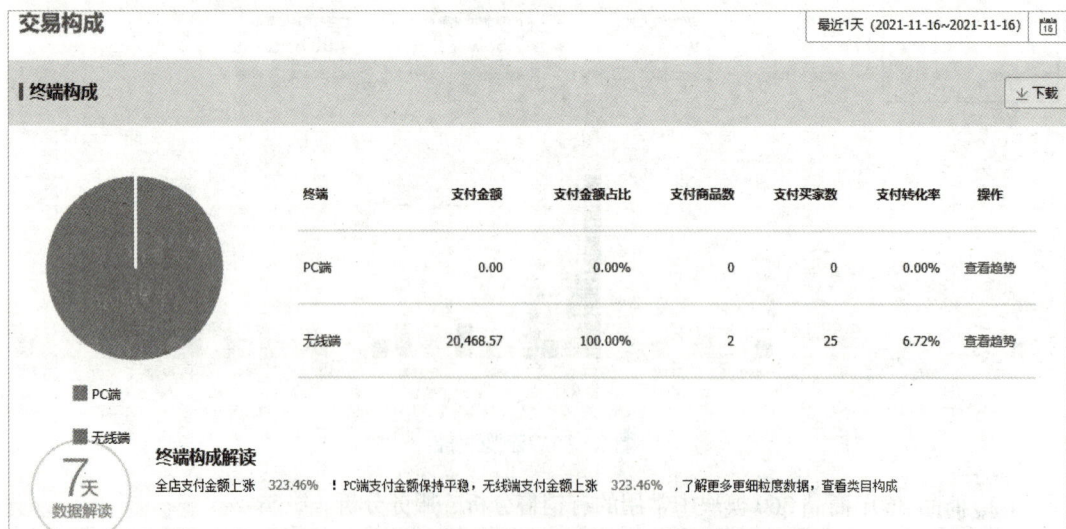

图 5-16 交易构成

6. 内容板块

网店运营中卖家可能会忽略微淘的作用，虽然这个渠道的粉丝比较少，但积少成多，也应该引起卖家的重视。内容板块可以查看微淘的浏览人数、引导进店人数、引导支付人数等，内容板块就是针对微淘设置的板块，如图 5-17 所示。

图 5-17　内容板块

7. 服务板块

服务板块可以查看客服的接待响应速度，核实其绩效，查看近 30 天的 TOP 退款商品。

二、阿里指数

2012 年 11 月 26 日阿里指数正式上线。阿里指数根据阿里巴巴网站每日运营的基本数据，例如，每天网站浏览量、每天浏览的人次、新增供求产品数、新增公司数和产品数这五项指标统计计算得出。

阿里指数是卖家进行数据分析的一项重要工具，也是分析行业价格、供应、采购趋势的工具，还是定位于"宏观市场"的数据分析平台。阿里指数旨在为中小企业用户、业界媒体、市场研究人员了解市场行情、查看热门行业、分析用户群体、研究产业基地等提供分析依据。

通过阿里指数，用户可以了解某地交易概况，发现它与其地区之间贸易往来的热度及热门交易类目，找到当地人群关注的商品类目或关键词，探索交易的人群特征。而行业指数则主要涵盖淘系部分二级类目的交易数据、搜索词数据、人群数据。通过该指数，用户可了解某行业现状，获悉它在特定地区的发展态势，发现热门商品，知晓行业内卖家及买家的群体概况。阿里指数的基本功能有以下七项。

1. 市场分析

阿里指数新增的淘宝采购指数，以淘宝市场的交易数据为核心，让用户直观感受消费终端的需求变化和兴趣偏好，如图 5-18 所示。

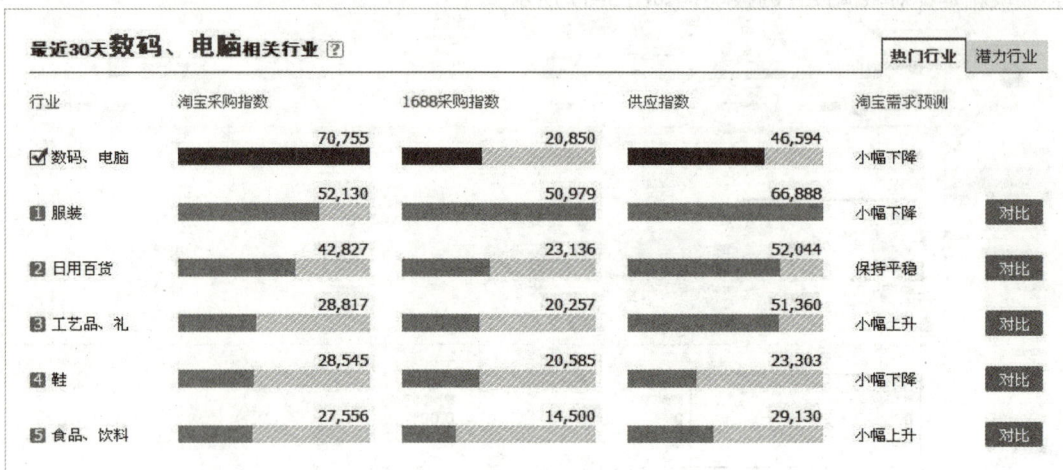

图 5-18 市场分析

2. 趋势观察

除了常规地看最近一年的行业趋势外，阿里指数试水预测挖掘，虚拟出未来一个月的行业走势，让用户勤加备货或清理库存的决策更直接，如图 5-19 所示。

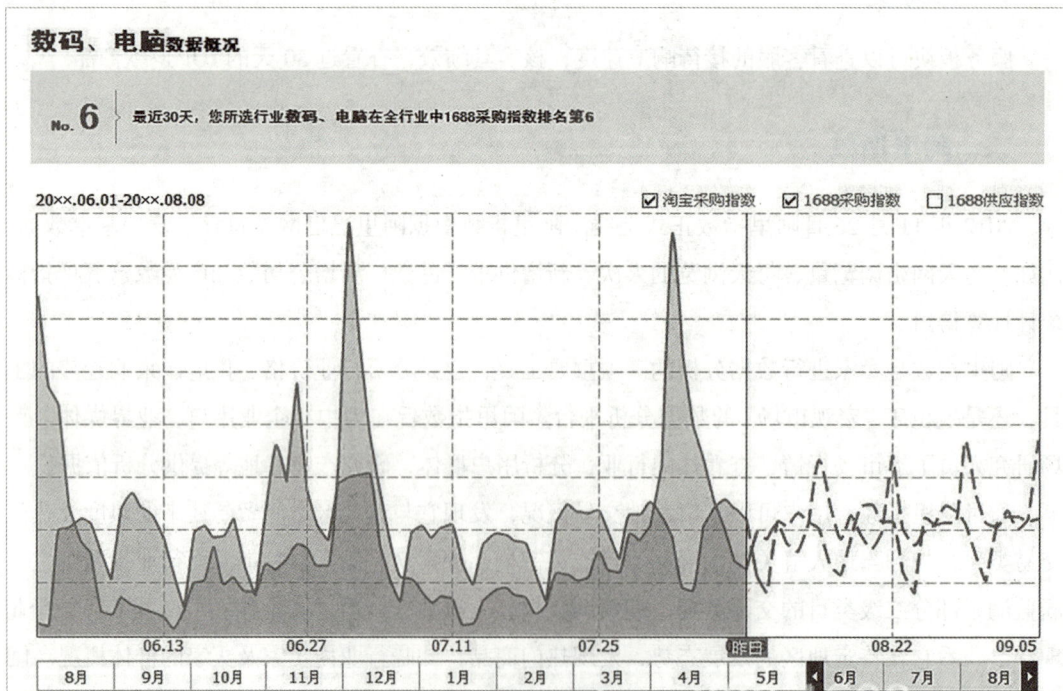

图 5-19 趋势观察

3. 行业诊断

阿里指数可以诊断所选行业的人气情况，例如，卖家如果选的是一个新增行业，这意味着新增的商品大概率会热销，因此，行业诊断不但能让用户知道什么行业是热门行业，还能知道什么样的商品最好卖，如图 5-20 所示。

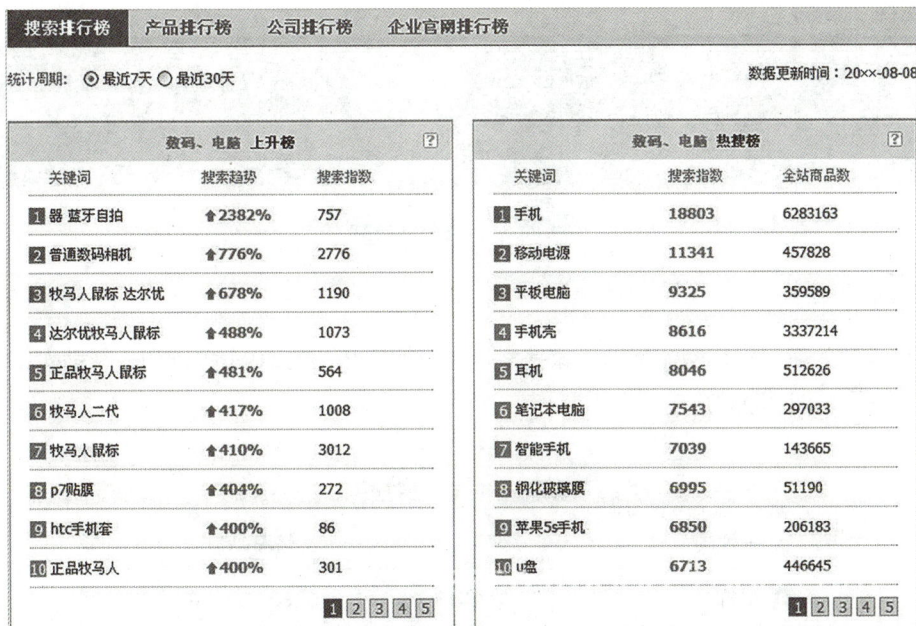

搜索排行榜	产品排行榜	公司排行榜	企业官网排行榜	

统计周期：◉ 最近7天 ◯ 最近30天　　　　　　　　　　　　　　　数据更新时间：20××-08-08

数码、电脑 上升榜				数码、电脑 热搜榜		
关键词	搜索趋势	搜索指数		关键词	搜索指数	全站商品数
1 器 蓝牙自拍	⬆2382%	757		1 手机	18803	6283163
2 普通数码相机	⬆776%	2776		2 移动电源	11341	457828
3 牧马人鼠标 达尔优	⬆678%	1190		3 平板电脑	9325	359589
4 达尔优牧马人鼠标	⬆488%	1073		4 手机壳	8616	3337214
5 正品牧马人鼠标	⬆481%	564		5 耳机	8046	512626
6 牧马人二代	⬆417%	1008		6 笔记本电脑	7543	297033
7 牧马人鼠标	⬆410%	3012		7 智能手机	7039	143665
8 p7贴膜	⬆404%	272		8 钢化玻璃膜	6995	51190
9 htc手机套	⬆400%	86		9 苹果5s手机	6850	206183
10 正品牧马人	⬆400%	301		10 u盘	6713	446645

图 5-20　行业诊断

4. 地域分析

阿里指数将热门产业带加入了公共筛选项，提供用户行业＋产业基地筛选的功能。精准定位到用户所处地域，而不会受到产业集群的影响。同时，在参与产业带活动、寻找竞争同行方面，定位更准确，如图 5-21 所示。

地区名称	采购指数
1 广东深圳	496,648
2 广东广州	179,349
3 广东东莞	104,974
4 浙江金华	79,129
5 北京	46,932

图 5-21　地域分析

5. 采购商素描

阿里指数从买家身份、采购频率、客单价、关联采购的习惯等角度，描绘行业内采购商的特征。方便卖家做买家管理、混批定价、关联销售等，如图 5-22 所示。

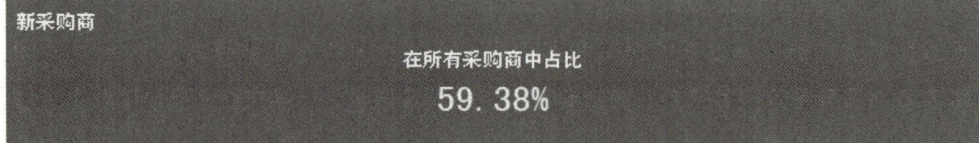

图 5-22　采购商素描

6. 关键词搜索

阿里指数的新词排行榜能帮助卖家搜索与买家搜索相关的 50 个关键词，帮助卖家找寻行业的机会点，如图 5-23 所示。

数码、电脑　热搜榜		
关键词	搜索指数	全站商品数
1 手机	18803	6283163
2 移动电源	11341	457828
3 平板电脑	9325	359589
4 手机壳	8616	3337214
5 耳机	8046	512626
6 笔记本电脑	7543	297033
7 智能手机	7039	143665
8 钢化玻璃膜	6995	51190
9 苹果5s手机	6850	206183
10 u盘	6713	446645

图 5-23　关键词搜索

7. 查找潜力行业

阿里指数可以根据未来一个月的预测结果，定位出未来一个月市场需求上升最明显的行业，如图 5-24 所示。

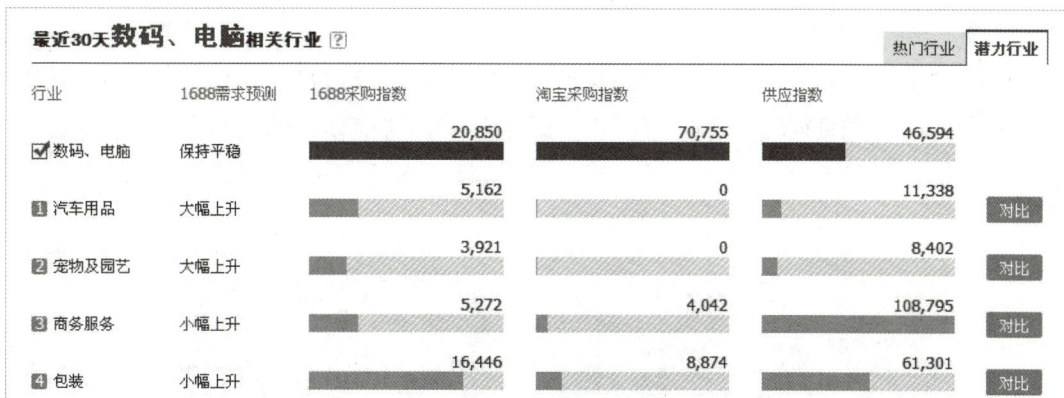

图 5-24　查找潜力行业

三、百度指数

百度指数是以百度海量网民行为（搜索、点击、分享）数据为基础的数据分享平台，是当前互联网乃至整个数据时代最重要的统计分析平台之一，自发布之日便成为众多企业营销决策的重要依据。百度指数探索细致，展示的是关键词的搜索热度趋势，以及对关键词需求进行监控，通过捕捉关键词在百度上的搜索行为习惯，分析消费者对商品的需求，从而为企业提供较为精确的消费者需求检测。

百度指数作为一款基于百度网民搜索行为的数据分析工具，一方面可以对关键词搜索趋势进行分析，另一方面可以深度挖掘舆情信息、市场需求、用户画像等多方面的数据特征。

1. 趋势研究

关键词的搜索趋势是百度指数最核心、也最基本的功能，通过搜索指数的高低可以判断该关键词最近一段时间的搜索指数高低，进而帮助使用者决策，如图 5-25 所示。

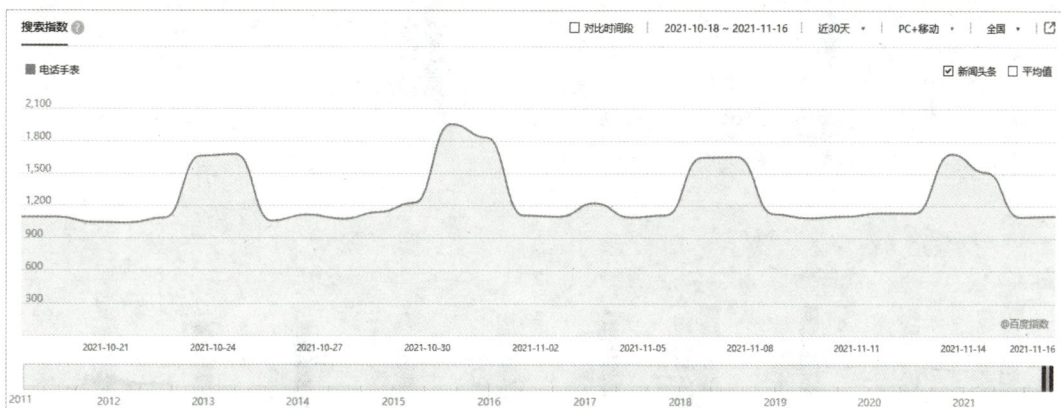

图 5-25　趋势研究

2. 需求图谱分析

百度指数的搜索趋势只是宏观上展现关键词的搜索热度和关注度，需求图谱分析可以帮助使用者更好地了解关键词的扩展词搜索状况，更好地了解市场需求情况，如图 5-26 所示。

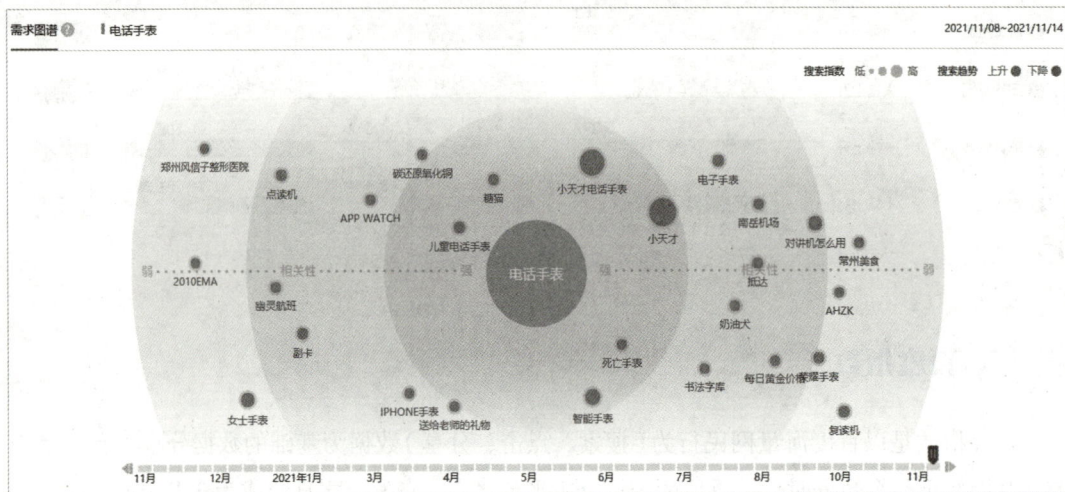

图 5-26　需求图谱

3. 人群画像

利用百度人群画像可以研究关键词搜索趋势、洞察网民兴趣和需求、监测舆情动向、定位受众特征，如图 5-27 所示。

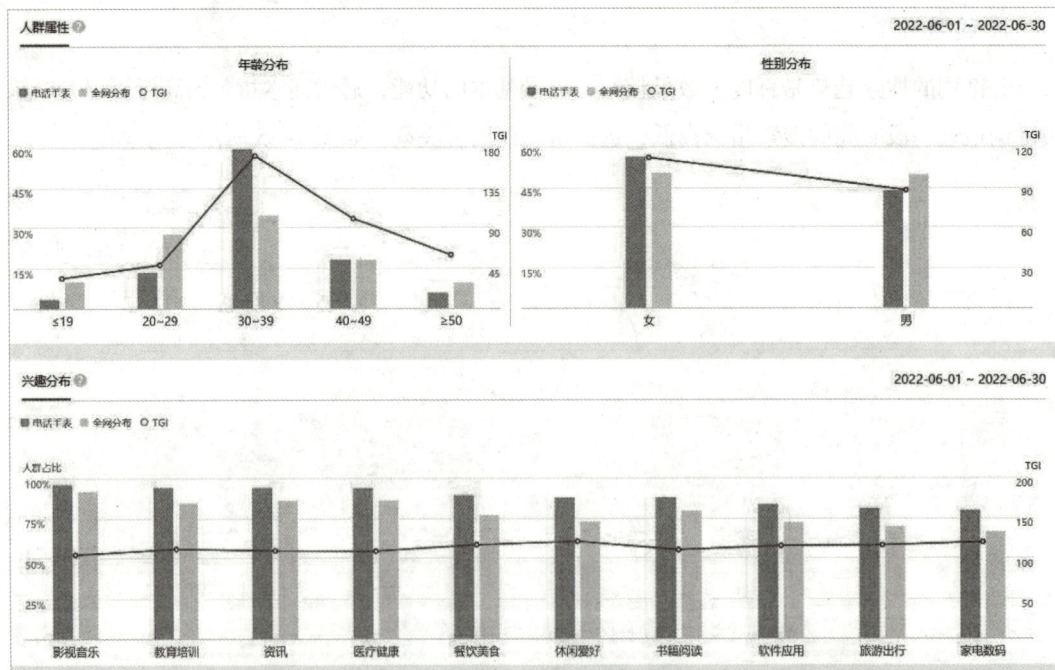

图 5-27　人群画像

任务二　网店运营数据分析

销售出了问题，往往不是某一方面出了问题，而是多个因素的综合结果。了解店铺、制定决策，需要对店铺的运营做出正确的诊断，从而做出正确的解决方案。店铺健康诊断，主要对店铺浏览量、访客数、店铺成交转化率等数据进行平衡对比。如若数据低于同行业的标准，说明店铺健康存在问题，需要针对上述内容进行改进或优化。

一、店铺流量数据分析

再好的商品、再低廉的价格，如果没有流量，也很难产生销量，所以流量是衡量网店运营状况的重要参考指标之一。从来源来看，流量数据可分为站内流量和站外流量，随着媒体形式的不断丰富，站外流量的来源越来越多；从收费来看，流量可分为免费流量和付费流量，付费流量有见效快、成本高的特点。对于经营中的店铺，不论店铺流量的来源是站内还是站外，都会在店铺的长期发展中形成店铺的流量结构。

1. 流量分析指标

网店常用的流量分析指标见表 5–1。

表 5-1　网店常用流量分析指标

指标名称	指标解释
浏览量（PV）	店铺或商品详情页被访问的次数，一个人在统计时间内访问多次记为多次
访客数	统计周期内访问店铺页面或宝贝详情页的去重人数，一个人在统计时间范围内访问多次只记为一次
曝光量	通过搜索关键词展现店铺或店铺商品次数
下单转化率	统计时间内，下单转化率=下单买家数/访客数×100%，即来访客户转化为下单买家的比例
全网点击率	在所选的终端（PC端或移动端）上，搜索关键词后出现的搜索结果中，全网点击率=点击店铺或宝贝的次数/关键词的搜索次数×100%
收藏人数	统计日期内，新增点击收藏商品的去重人数，不考虑取消收藏的情况
人均浏览量	浏览量/访客数，多天的人均浏览量为各天人均浏览量的日均值
支付转化率	统计时间内，支付转化率=支付买家数/访客数×100%，即来访客户转化为支付买家的比例
客单价	统计时间内，客单价=支付金额/支付买家数，即平均每个支付买家的支付金额
UV价值	计算公式为：UV价值=支付金额/访客数
新访客	全新或 7 天前访问店铺或单品的访客

指标名称	指标解释
加购人数	统计时间内，访客将商品加入购物车的访客去重数
宝贝页收藏量	用户访问宝贝页面添加收藏的总次数
平均停留时长（秒）	访问店铺的所有访客总的停留时长/访客数，单位为秒，多天的人均停留时长为各天人均停留时长的日均值
下单买家数	通过对应渠道进入店铺访问的访客数中，后续下单的人数。对于有多个来源渠道的访客，下单买家数统计会体现在多个来源中，是以路归原则计算其下单的转化指标。可用于评估来源渠道引入访客质量。统计时间内，拍下宝贝的去重买家人数，一个人拍下多件或多笔，只算一个人。所有终端下单买家数为PC端和移动端下单买家去重人数，即同一个人既在PC端下单，又在移动端下单，所有终端下单买家数记为1个
进店时间	用户打开该页面的时间点，如果用户刷新页面，也会记录下来

在这些指标中，卖家需要重点关注的指标有PV、UV价值、曝光量、支付转化率和全网点击率。

2. 流量数据分析方法

不同的平台有不同的数据分析工具和方法，以淘宝为例，常用的流量分析方法是生意参谋里的流量板块，如图5-28所示。

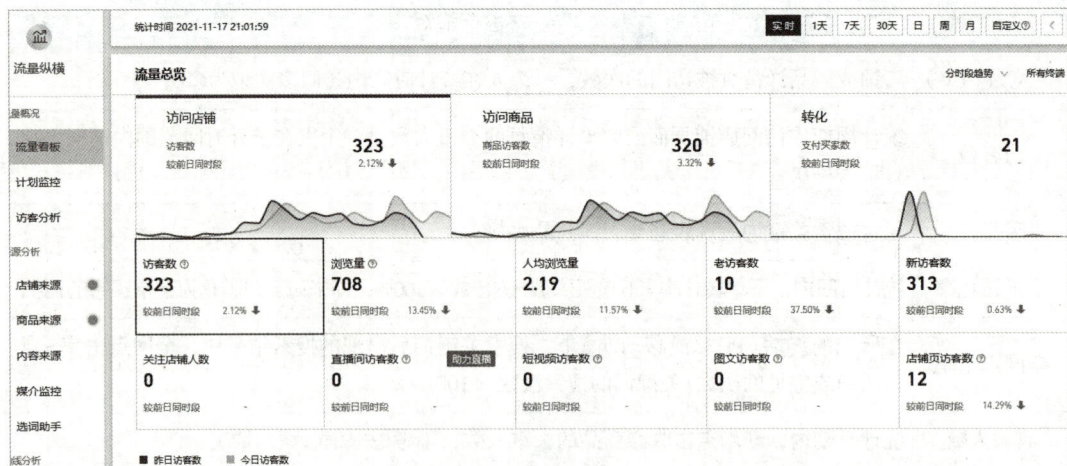

图5-28　生意参谋流量板块

流量板块提供全店流量的概况、来源、去向、实时访客数、访客特征、店铺装修效果和页面点击分布分析。

在店铺来源板块中，店铺可以根据自己需要，一次选取最多六项流量来源构成，例如，访客数、商品收藏人数、加购人数、支付转化率、UV价值、关注店铺人数，如图5-29所示。

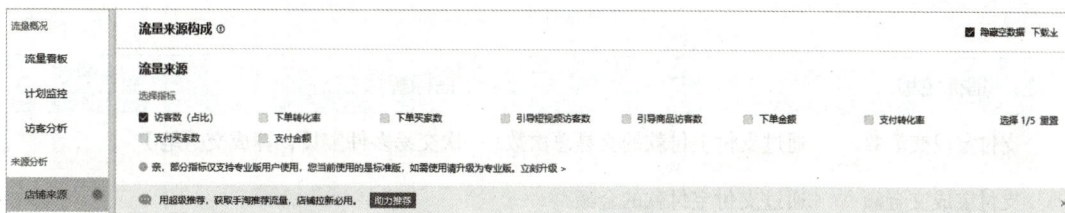

图 5-29　店铺来源板块

3. 流量分析的作用

（1）有助于评估营销推广策略效果

通过流量分析，卖家可以了解不同渠道的引流情况，及时掌握网站推广的效果，减少盲目性；流量分析结果可帮助卖家评估营销推广策略的效果，为制订和修正网络营销策略提供依据；卖家通过网站访问数据分析可评判网站建设的水平，为进一步的网站优化提供参考。

（2）有助于完成客户画像

流量分析的结果可展示在线客户的活动信息，包括来访时间、访客地域等，卖家可依据这些信息进一步完善客户画像，深入了解买家的行为特征和消费习惯，不断提高客户定位的精准度。

二、店铺销售数据分析

店铺的销售数据直接影响着店铺的利润，卖家对店铺销售数据进行分析，可及时了解店铺的盈利情况，便于及时调整运营策略。

1. 销售数据分析指标

店铺销售数据分析的主要分析指标见表 5-2。

表 5-2　网店常用销量分析指标

指标名称	指标解释
拍下件数	宝贝被拍下的总件数
拍下笔数	宝贝被拍下的总次数（一次拍下多件宝贝，算拍下一笔）
拍下总金额	宝贝被拍下的总金额
成交用户数	成功拍下并完成支付宝付款的人数。所选时间段内同一用户发生多笔成交会进行去重计算
成交回头客	曾在店铺发生过交易，再次发生交易的用户被称为成交回头客。在所选时间段内会进行去重计算
支付宝成交件数	通过支付宝付款的宝贝总件数

续表

指标名称	指标解释
支付宝成交笔数	通过支付宝付款的交易总次数（一次交易多件宝贝，算成交一笔）
支付宝成交金额	通过支付宝付款的金额
人均成交件数	平均每用户购买的宝贝件数，即人均成交件数＝支付宝成交件数/成交用户数
人均成交笔数	平均每用户购买的交易次数，即人均成交笔数＝支付宝成交笔数/成交用户数
当日拍下—付款件数	当日拍下且当日通过支付宝付款的宝贝件数
当日拍下—付款笔数	当日拍下且当日通过支付宝付款的交易次数
当日拍下—付款金额	当日拍下且当日通过支付宝付款的金额
客单价	客单价＝支付宝成交金额/成交用户数。单日"客单价"指单目每交用户产生的成交金额
客单价均值	所选择的某个时间段，客单价日数据的平均值。如"月报"单价均值＝该月多天客单价之和/该月天数
支付率	支付宝成交笔数占拍下笔数的百分比，即支付率＝$\dfrac{交笔数}{支付宝成拍下笔数}\times100\%$
成交回头率	成交回头客占成交用户数的百分比，即成交回头率＝成交回头客/交用户数×100%
全店成交转化率	全店成交转化率＝成交用户数/访客数×100%。单日"全店成交转率"指单日成交用户数占访客数的百分比
促销成交用户数	参与宝贝促销活动的成交用户数
宝贝页（促销）成交转化率	参与宝贝促销活动的成交用户数占宝贝页访客数的百分比。按周查看报表时，该指标是所选时间段内日数据的平均值
非促销成交用户数	未参与宝贝促销活动的成交用户数

2. 销售数据分析方法

　　各平台的卖家可以从相对应的数据分析工具获取各项数据指标。以生意参谋为例，如图5-30所示，卖家可以从交易模块获得销售概况、交易构成和交易明细三组销售数据。卖家可以从交易概况板块了解店铺销售的整体情况。通过交易漏斗，商铺的下单转化率、支付转化率等数据一目了然。通过交易趋势图，可获取店铺与同行业的对比信息。如果支付金额或转化率等指标低于同行业，卖家就需要重新审视店铺的运营策略。

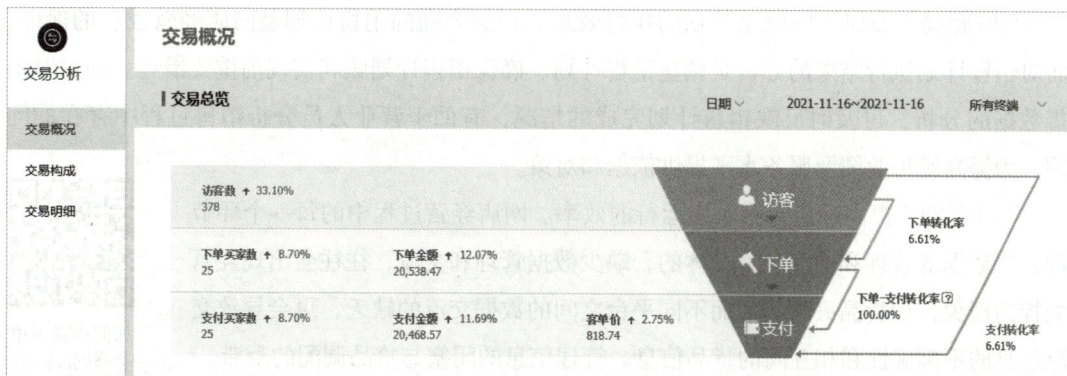

图 5-30 生意参谋交易概况板块

交易构成板块展示了单品的相关销售信息,如图 5-31 所示。其中,支付金额占比是指该维度(类目的价格)支付金额在全店支付金额中的占比。通过该指标可以判断哪些商品是爆款,哪些商品是冷门。

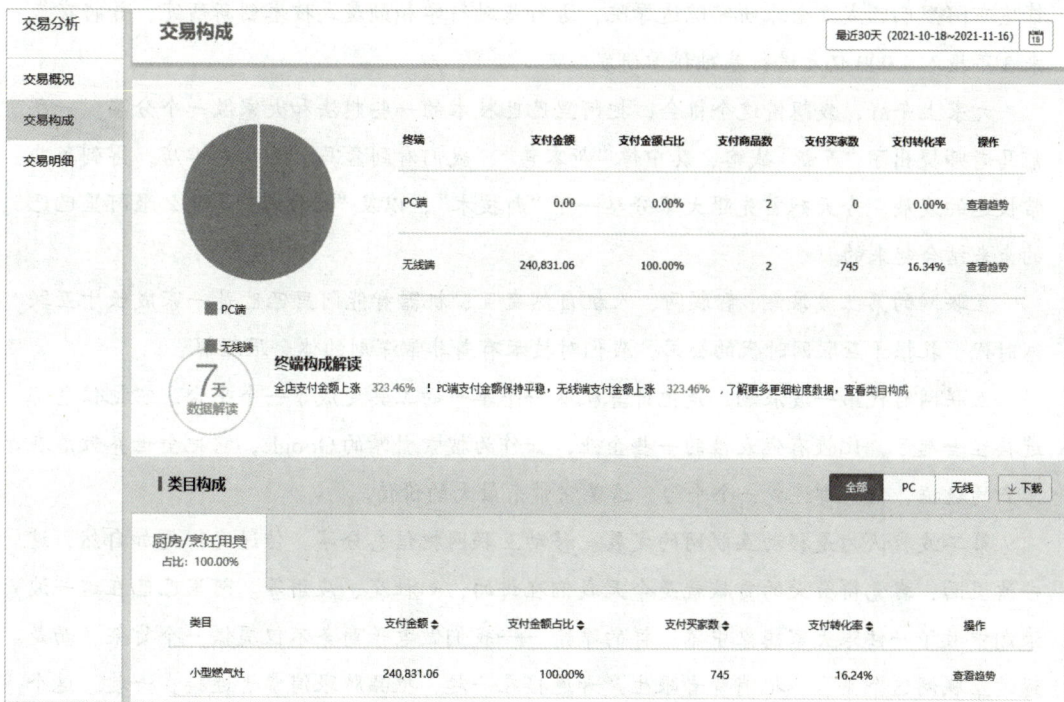

图 5-31 交易构成

3. 销售数据分析的作用

(1)有助于正确、快速地做出市场决策。店铺的销售数据直接体现了消费者对营销方案的反映。市场形势瞬息万变,流行迭代较快。销售数据能够帮助卖家及时掌握产品销售及市场顾客需求情况及其变化规律,迅速调整产品组合及库存能力,调整产品价格,改变促销策略,抓住商机,加快商品周转速度,减少商品积压。

（2）有助于及时了解营销计划的执行效果。详细全面的销售计划是网店经营成功的保证，而对销售计划执行结果的分析是调整销售计划、确保销售计划顺利实现的重要措施。通过对销售数据的分析，可及时反映销售计划完成的情况，有助于营业人员分析销售过程中存在的问题，为提高销售业绩及服务水平提供依据和对策。

（3）有助于提高网店营销系统运行的效率。网店经营过程中的每一个环节都是将数据的管理和交流融为一体的，缺少数据管理和交流，往往会出现经营失控的现象，如货品丢失等。而不同平台之间的数据交流的缺乏，更会导致交流信息的不准确性和相互间的货品信息、管理信息的闭塞与货品调配的凝滞。

如何提高下单
转化率

📖 案例延伸

阿里达摩院以数据为血液

2019 年 10 月 11 日，2017 杭州·云栖大会开幕。会上，阿里巴巴集团首席技术官张建锋宣布阿里巴巴成立全球研究院达摩院，进行基础科学和颠覆式技术创新研究，并将在未来 3 年投入 1 000 亿元进行基础科学研发。

大家上午好，我想借这个机会，把阿里巴巴技术的一些想法和大家做一个分享。一年前马老师提出了"五新"战略，其中像"新零售"，我们看到盒马、无人咖啡店，得到了非常快速的发展。今天想首先跟大家分享一下"新技术"，以及"新技术"是怎么跟阿里巴巴的未来结合起来的。

互联网的第三波浪潮：智联网、人机自然交互、机器智能阿里巴巴是一家成长于互联网时代、扎根于互联网时代的公司，我们对技术有着非常深刻的体会跟理解。

互联网时代第一波浪潮，是把计算机从一个单一的工具变成了一个平台，它把信息都连接在一起了，比较有代表性的一些企业，如作为搜索引擎的 Google，它把全世界散落在单点的数据、信息都连成一个平台，这是它带来最大的价值。

第二波我认为是移动互联网的发展。移动互联网把信息分享、传递变得更加自然，这一波里面，我觉得最大的贡献就是今天我们在讲的，如社交、应用等。阿里巴巴在这一波浪潮中做了一件跟大家想象中不一样的事情——我们做电子商务不仅提供一个货架，而是通过互联网这个平台，把消费者跟生产者连接在一起，把品牌跟消费者连接在一起。这个连接其实跟其他人说的做零售、做电子商务是有一个非常本质的区别的，这个连接是双向的，通过这个连接可以诞生出、创造出无数新的可能，而不仅仅是说我通过电子商务从事互联网来提升零售效率。所以到今天为止，我们走出了一条非常独特的道路。

今天，PC 的销量已经在连续下降，萎缩得比较厉害了。而手机从 2016 年开始基本上稳定在四亿的出货量，在中国，也没有新的增量。手机操作界面已经决定了，这个界面只有一个屏幕，这个屏幕里面可以放的东西是有限的，现在的超级 APP 基本上占据了手机最主要的入口来源。

下一波机会来自什么地方，我们思考后觉得有三个领域值得关注：

第一个，是智联网。因为现在还有这么多的设备、这么多的物体没有被连接。以IoT为代表的智联网应该是接下来最需要解决的一个问题。这上面我们也做了非常多的尝试，我们做的城市大脑，希望把城市里面所有的物体连接起来，小到井盖、电线杆，再到马路、到红绿灯，都能够通过物联网连接起来，但我们认为光连接是不够的，因为连接只是把所有的人、物聚在一起，我们还需要去感知，还需要去处理数据，最终我们还要实时做出决策，去控制被连接的主体，这是才是有价值的智联网。

第二个，新一代人机自然交互。今天我们有了很多交互手段，包括现在非常热门的自动驾驶。自动驾驶目前要解决的主要是一个人机交互的问题。开车一定要拿一个方向盘吗？可能没有这个必要；控制空调就一定要拿遥控器吗？可能也没有这个必要。因为我们可以有更自然的方式，可能是语音，可能是其他的。以苹果手机为代表，它从原先的键盘式操作，升级到屏幕触摸式的操作，但是它只是在一个范围之内的升级。我们希望能够把整个人机交互，从家里的一切应用到驾驶，都有全面的升级。

第三个，就是机器智能。马老师非常强调我们做的是机器智能。我们为什么要说我们做的是机器智能，机器智能跟人工智能到底是有什么区别？

我的理解，今天我们很多东西之所以这样做，是因为以前人类就是这么做的——以前的做法都是要人来控制，所以我今天不想让人来控制了，我要机器来控制，所以要模仿人类来控制。举个例子，现在人工智能里面最热门的是做图像识别，我们在交通上也好，在城市管理上也好，装了无数的摄像头，因为我们拍了这么多的照片，现在人看不过来了，所以需要机器来看，所以机器又要模仿人的所有思考方法，重新认识这个图片。但是我们有没有想过，假如这个照片就是用机器来看的，那为什么一定要拍成现在这个照片的样子，它直接可以是机器认识的就可以了，机器可能不一定要4K、8K、高清、彩色，可能是从另外一个角度去理解这个世界。王坚博士举过一个例子，人的东西一定是最好的吗，狗的嗅觉比人更好，你用机器来模仿，会做得更好吗？所以，我们要做的是，把机器变得有智能，而且变成独立的智能，这个智能应该是机器的能力决定的，而不是人类的能力决定的。这也是为什么，我们今天一定要用机器智能这个概念，重新定义我们真正要的智能是怎么样的一个智能。

平台化、实时化的数据是未来世界的血液我们今天要做这么多事情，要解决这么多连接的问题，不可避免的会产生大量数据。这个世界一定会被数字化，我们对此深信不疑，因为只有数字化之后，才有自动化的可能，才有智能化的可能。九年前，阿里巴巴第一次提出阿里巴巴是一家大数据公司，数据是能源，但我今天想说的是，数据不仅是能源，如果机器智能、智联网包括人机自然交互组成一个人体的话，数据就是血液，没有这个血液，所有上面的一切都没有创新的能量来源。我们认为数据远远不止于资源，它是组成所有未来一切的血液。这是我们怎么来看待未来这个世界一个非常重要的出发点。

今后的数据有两个特点非常重要：

第一个，实时性。数据一定要非常实时。以前一个产品要推广，做广告。三个月之后，厂家才知道这个广告做得好不好，这个效果好不好，消费者买不买单，这个时候才能去组织生产、组织安排。现在我们这些数字化的广告，每一分钟都知道这个效果怎么样。

第二个，数据一定要平台化，一定要融会贯通。阿里巴巴有三件事情是统一的，其中最重要的一件事情就是数据的统一，我们统一定义、清洗、处理。我举个例子，我们跟小黄车它们合作，把小黄车给联网了，我们知道每一个车的运行轨迹，我们也知道它的密度。知道这个小区到哪个小区，或者哪个小区到哪个地方，它骑共享单车的人是不是特别多。这个数据拿到之后，一方面可以改进小黄车的运营效率，这个数据如果被公交公司知道了，公交公司可以优化它的公交线路，现在没有这些数据，公交公司说今天班车在开，我一直往前开好了。所以数据一定要平台化，它只有融会贯通之后，才能产生新的生产力，才能有新的创造力。

互联网公司跟传统公司有什么不一样，以前我们都讲互联网思维，互联网思维是一个什么样的思维？对于阿里巴巴来讲，我们觉得互联网思维，第一就是一个数据思维——你必须要有数据，你才能做出一些合理的决策。传统公司的CEO跟互联网公司的CEO有很大的不一样，传统公司的CEO，他做一个决定，他想知道这个决定正确还是错误，可能要验证很久。互联网公司，我们逍遥子（指阿里巴巴集团董事局主席、首席执行官张勇）可能跟我们讨论，这个页面按钮应该是红色还是蓝色，为什么做这个决定，他有这个数据，他知道改了之后，这个数据有变化了，他敢于做这种决定。我觉得这就是互联网公司跟传统公司非常大的不一样。

我们有一个不成文的规定：我们开会，我跟他们讲，第一，你有数据说数据；没有数据，那就说案例；没有案例，就说观点。都没有，那就不要说了，说了也没用。数据是第一位的，有数据，你就跟CEO一样有这个Power，这是互联网思维里面非常重要的一个维度。

汇聚全球智慧，以科技创新世界的阿里巴巴达摩院

今天我们要做这么多的东西，智联网、人机自然交互、机器智能等，我们后面还有非常多的问题要解决。这些问题包括我们的计算能力、计算平台、算法，自然语言的处理、理解，安全，还有更底层的芯片，更底层的操作系统。因为今天对于阿里巴巴这家公司来说，你已经不可能从市面上买到商用的一些产品来支撑我们未来发展需要的技术。所以我们必须要自己去做更深层次、更高维度的研发。

科学是什么，科学是用来发现规律、掌握规律的；技术是什么，技术是来利用这个规律的；而工程是来实现这个规律的。阿里巴巴这么多年来，通过双11积累了非常强的工程技术能力。我们今天把双11这一天的技术保障称为"互联网的超级工程"。很多超级工程，比如造世界第一的高楼大桥。而阿里巴巴的双11技术支撑这套体系，要支撑那么大规模的业务，解决无数的技术问题，它就是一个"超级工程"。但今天我们想更进一步，我们觉得光解决工程技术问题不够，我们还想掌握规律、发现规律，这是我们真正能够引领未来、真正能够定义未来的核心要素。

今天，在这里，我们正式宣布成立阿里巴巴的全球研究院。因为我们需要有更多的人才，一起参与，一起来改变这个世界。我们这个研究院有一个独一无二的名字叫作阿里巴

巴达摩院。

我们计划在三年之内，对新技术投资超过 1 000 亿人民币，我们想要在技术上面，真正做一些原创性、根本性的探索。我们这么多钱干什么，我们想吸引全球一流的人才，我们也始终认为人才是真正的生产力。在阿里巴巴达摩院，不是叫你来做苦行僧的，是叫你来做骑士的，你们是新一代的骑士，你们不是壮士，科学工作者必须得到应得的尊重与荣誉，这就是阿里巴巴达摩院。

阿里巴巴有这么多的技术、这么多的平台，我们还有一个非常重要的思想，我们是想整个技术体系不仅去探索未来，不仅服务好我们自己的业务，我们还想通过阿里云这个平台去赋能所有创业者。因为我们是这么想的，所以我们八年前就这么做了——我们做了云计算。我们有这个信念，我们相信这个事情一定会发生，我们才做这个事情，我们并不是像其他云计算公司一样，因为我要转型升级了，是因为这个东西非常流行。我做云计算，我们真的是因为坚信。

整个达摩院由三个部分组成：

第一部分，我们在全球各地建自己的实验室，这是阿里巴巴集团自己投资的。我们在以色列、新加坡、莫斯科、西雅图跟圣马特奥都建立了自己的研究机构。在数据智能、智联网、大数据处理等方面，做一些前沿性的基础性研究，并且能够快速把这些研究成果变成我们业务上可以用的一些东西，也可以通过阿里云这个平台，变成所有人可以使用的一个技术基础设施。

第二部分，我们是跟高校建立联合研究所。我们跟浙江大学联合成立的前沿技术研究中心运行得非常好，有很多教授、博士在这个平台上工作。为什么吸引他们在这个平台上工作，因为我们有非常大的计算装置，我们有非常多的业务场景。我们采用非常与众不同的方法，别人可能是这样，我有一个项目建好了，然后交给别人来招投标，交给浙大，你来做。我们不是这样——今天这个时代，发现一个问题，跟解决一个问题的难度是一样的。我们在定义未来的世界，发现问题对我们来说也是很大的挑战。我们请他们进来，我们一起来看到底有什么问题，用你们的眼光来看有什么问题，我们一起来解决。我们今天跟浙大、跟伯克利、跟清华大学等都成立了联合实验室，一起来做这个事情。

第三部分，我们的产学研平台。这个平台非常有意思，我们把要解决的非常多的问题做成一个列表，发给全球的所有高校、机构。高校、机构的教授、学者，对他们感兴趣的研究方向做一个匹配，然后来写他的 Proposal，我们看这个 Proposal 跟我们是否匹配。我们现在有四十多个项目正在开始启动做，而且这个教授、机构，绝大部分来自海外，国内很多高校也参加了。

最终我们这个达摩院会是三部分：我们自己会建实验室，跟高校做联合实验室，通过产学研平台这个项目，让更多的教授、机构能够参与进来。最终我们希望以科技来创新这个世界，来改变这个世界，这是我们达摩院的愿景。

（资料来源：搜狐，2017.10.12）

项目检测

一、单项选择题

1. 店铺健康诊断，主要通过店铺（   ）、访客数、店铺成交转化率及收藏量等数据进行平衡对比。

　　A. 浏览量

　　B. 交易量

　　C. 商品数

　　D. 等级

2. 对于经营中的店铺，不论店铺流量的来源是站内还是站外，都会在店铺的长期发展中形成店铺的（   ）。

　　A. 经济结构

　　B. 商品结构

　　C. 客户结构

　　D. 流量结构

3. 百度指数探索细致展示的是关键词的搜索热度趋势，以及对关键词需求进行监控，通过捕捉（   ）、习惯分析消费者对商品的需求，从而为企业提供较为精确的消费者需求检测。

　　A. 关键词在网站上的分布

　　B. 关键词在百度上的搜索行为

　　C. 关键词在搜索引擎中的出现规律

　　D. 收录网站的关键词信息

4. 正常情况下，店铺的商品图片都不会少于（   ）张。

　　A. 200

　　B. 100

　　C. 500

　　D. 250

5. 流量分析主要包括流量概况、流量地图、（   ）及装修分析四项内容。

　　A. 访客分析

　　B. 商品分析

　　C. 访客实时数据分析

　　D. 行业数据分析

二、判断题

1. 生意参谋功能中有免费功能和付费功能之分。（   ）

2. 生意参谋首页板块中常用的有实时概况、商家成长层级、运营视窗、二级流量来源、

客单看板、评价看板、竞争七项内容。（　　　）

　　3. 阿里指数无法进行关键词搜索。（　　　）

　　4. 流量分析有助于完成用户画像。（　　　）

　　5. 销售数据分析有助于提高网店营销系统运行的效率。（　　　）

三、简答题

1. 生意参谋的七大板块是什么？

2. 销售数据分析的作用有哪些？

四、趣味挑战

　　分析以食品类目为主的淘宝店铺用户群的基本特征都有哪些？可以借助淘宝指数、阿里指数、生意参谋等数据分析工具辅助完成。

扫码看答案

🔷 实训拓展

1. 实训名称

店铺诊断综合分析与优化。

2. 实训目标

（1）能够对市场、运营、产品等业务数据进行综合分析。

（2）能够基于业务数据综合分析结果，优化数据指标、分析方法、分析模型，并提出解决方案。

3. 实训要求

（1）在网店运营过程中对店铺运营数据进行综合分析，并有针对性地指导店铺运营。

（2）通过运营数据所表现出来的特性对运营策略进行优化调整，从而使得店铺朝着期望的方向发展。

附源数据：
项目五实训拓展

4. 实训仪器

U盘、投影设备、局域网、计算机、互联网、交换机、网线。

5. 实训内容与步骤要求

　　步骤1：从源数据中可以获取店铺4月的流量数据，将数据添加至Excel工具中，效果如图1所示。

　　步骤2：付费流量、免费流量变化趋势分析。

　　对店铺4月的无线端付费流量和免费流量变化趋势进行分析，并制作折线图。

　　步骤3：淘内免费及付费流量下单买家数变化趋势分析。

　　对店铺每日淘内免费流量及付费流量整体的下单买家数进行分析，并制作折线图。

　　步骤4：付费流量结构分析。

对店铺 4 月的付费流量各来源的访客数、下单买家数进行综合分析，并制作图表。

步骤 5：直通车转化率分析。

根据数据表计算直通车转化率，并制作趋势图，分析趋势变化。

统计日期	终端类型	流量来源	来源明细	访客数	下单买家数
2020/4/1	无线端	淘内免费	手淘其他店铺商品详情	59	6
2020/4/1	无线端	淘内免费	手淘首页	34	1
2020/4/1	无线端	淘内免费	手淘搜索	1431	47
2020/4/1	无线端	淘内免费	手淘淘金币	51	0
2020/4/1	无线端	淘内免费	手淘旺信	12	0
2020/4/1	无线端	淘内免费	手淘微淘	8	2
2020/4/1	无线端	淘内免费	手淘问大家	7	1
2020/4/1	无线端	付费流量	淘宝客	13	1
2020/4/1	无线端	淘内免费	淘内免费其他	172	26
2020/4/1	无线端	付费流量	直通车	1525	45
2020/4/2	无线端	淘内免费	手淘其他店铺商品详情	76	5
2020/4/2	无线端	淘内免费	手淘首页	39	0
2020/4/2	无线端	淘内免费	手淘搜索	1496	39
2020/4/2	无线端	淘内免费	手淘淘金币	49	0
2020/4/2	无线端	淘内免费	手淘旺信	16	4
2020/4/2	无线端	淘内免费	手淘微淘	4	0
2020/4/2	无线端	淘内免费	手淘问大家	5	1
2020/4/2	无线端	付费流量	淘宝客	17	2
2020/4/2	无线端	淘内免费	淘内免费其他	81	6
2020/4/2	无线端	付费流量	直通车	1557	32
2020/4/3	无线端	淘内免费	手淘其他店铺商品详情	63	6
2020/4/3	无线端	淘内免费	手淘首页	43	0
2020/4/3	无线端	淘内免费	手淘搜索	1624	63

图 1　数据添加至 Excel 工具的效果

步骤 6：综合分析及优化建议。

请对以上分析结果进行总结，并给出相应的优化建议。

步骤 7：认真审题，完成任务后，将所有问题的答案放在一起上传至网站。

6. 考核标准或评价

（1）实训后，学生将实训结果等内容写成实训报告。

（2）指导教师对每份实训报告进行审阅、评分。

（3）该实训课程是对理论教学内容的应用与验证，实训课的成绩记入课程平时成绩，占总成绩的 20%。

网店客服

1. 掌握网店客服的基本素质。
2. 学习售前、售中、售后的服务技巧。

1. 能灵活运用各种客户服务的沟通技巧。
2. 能处理各种纠纷。

1. 培养诚信的网店客服意识。
2. 培养在处理纠纷中与其他岗位同事配合共事的
   能力。

思维导图

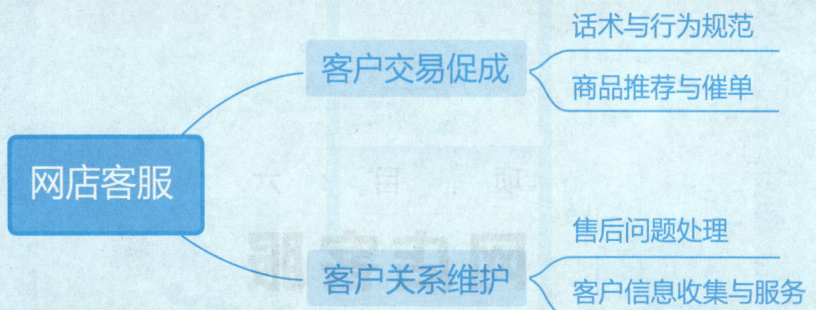

案例导入

美捷步将极致客户体验作为企业核心竞争力

美国家喻户晓的鞋类垂直电商美捷步,有一个"三双鞋"服务条款,鼓励顾客一次订购三双不同的鞋子,试穿之后把不合适的鞋子寄回来,顾客不需要为此承担任何风险。如果鞋子已经销售完了,鼓励客服人员,至少在三个其他网站上寻找信息并反馈给顾客,提供 8 个不同角度的产品图片,365 天内可以退货,免费双向快递服务。

美捷步公司的核心竞争力的发力点聚焦在顾客服务和顾客体验上,通过让满意的顾客,超出期望的顾客,快乐的顾客来为他做免费的口碑性宣传扩散。始终把关注点放在发展客户关系和建立客户信任上,通过传递极致的服务体验,让美捷步与众不同。

美捷步把用于购买流量宣传广告等市场和公关传播的费用全部取消,用来专门补贴客户服务,从而把用户的体验和忠诚做到极致。

电话服务中心是他的核心业务部门,称其为客户忠诚小组。运作模式:每周 7 天,每天 24 小时提供服务;不考核通话时长;不向顾客推销东西。鼓励员工每次通话时都发挥自己的个性与顾客建立情感联系。把顾客的每一次通话都看作是建立服务品牌的关键投资。客户的投诉是另一次表现机会,是另一次超出客户期望的机会。

结果:该案例被三次写进了哈佛商学院的教材。上线以来已成为网上卖鞋最多的网站,8.5 亿美金卖给亚马逊。美捷步从电商当中脱颖而出的案例是互联网领域创造客户体验,以客户体验来作核心竞争力的最经典案例。

如果你是网店客服,你认为应该如何提高用户体验?

(资料来源:个人图书馆,2019.12.05)

任务一　客户交易促成

客服在网店销售中的作用至关重要。一个好的客服能最大限度地提高店铺转化率，并且能使新客户变成老客户。

一、话术与行为规范

（一）话术

客服话术的好坏直接影响整个店铺成单量的多少，一般资深的客服都会准备好一套话术，来对客户的问题做出快速反应，不仅可以节省时间，也可以避免一些不必要的错误。为提高网店客服的效率，树立店铺的品牌，客服需将同类问题进行归纳，建立每个店铺的话术库，并用在客服培训或运营智能客服的时候设置自动回复或快捷回复。

1. 话术的编写依据和分类

话术的重要作用是能快速地、批量地完成客户的咨询。通常的工作流程是由运营部门制定销售促销策略，客服部门根据运营的策略，针对不同的场景、不同的销售策略去设计相应的话术。

（1）针对不同的场景。根据不同用户的意图，客服话术可以分为基础回复、跟单催付、活动规则、品质保障、使用方法、温馨提示等方面。基础回复通常包含产品信息、发货信息、物流快递信息、价格与促销等。例如，某电器官方旗舰店的快递话术，如图 6-1 所示。

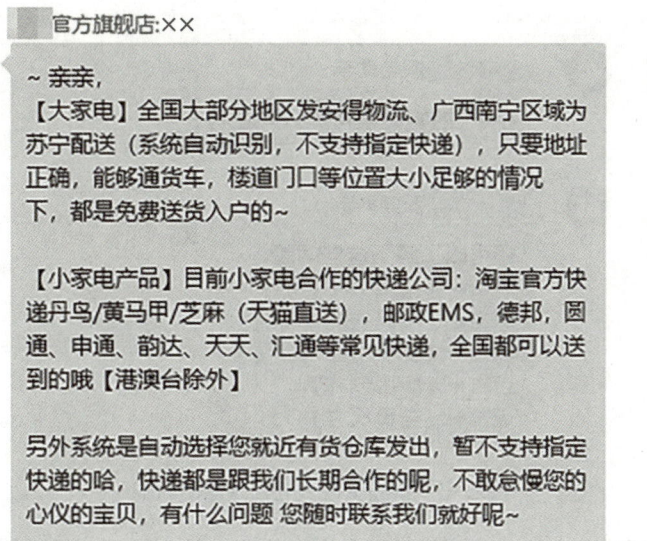

官方旗舰店：××

~ 亲亲，
【大家电】全国大部分地区发安得物流、广西南宁区域为苏宁配送（系统自动识别，不支持指定快递），只要地址正确，能够通货车，楼道门口等位置大小足够的情况下，都是免费送货入户的~

【小家电产品】目前小家电合作的快递公司：淘宝官方快递丹鸟/黄马甲/芝麻（天猫直送），邮政EMS，德邦，圆通、申通、韵达、天天、汇通等常见快递，全国都可以送到的哦【港澳台除外】

另外系统是自动选择您就近有货仓库发出，暂不支持指定快递的哈，快递都是跟我们长期合作的呢，不敢怠慢您的心仪的宝贝，有什么问题 您随时联系我们就好呢~

图 6-1　某电器官方旗舰店的快递话术

（2）针对不同的销售策略。在销售过程中，客服需要在引导和解决咨询问题的过程中，进行关联销售，借此提高主推款、利润款等的销售额。所以商品推销的话术必不可少，一般可以分为主推款话术、预售款话术、礼品赠送话术等。某品牌官方旗舰店的推荐话术，如图6-2所示。

图6-2　某品牌官方旗舰店的推荐话术

2. 话术的规范格式

按照客服售前、售中、售后的主要问题，话术也可分为咨询下单和纠纷处理两种不同情景，在不同的情景有对应的话术规范格式。

（1）咨询下单类话术基本格式。前来咨询下单的客户，一般都是首次交易的，或是潜在的客户，因此必须以礼相待。话术的设计格式一般为问候语＋自报家门＋品牌宣导（或营销活动），如图6-3所示。

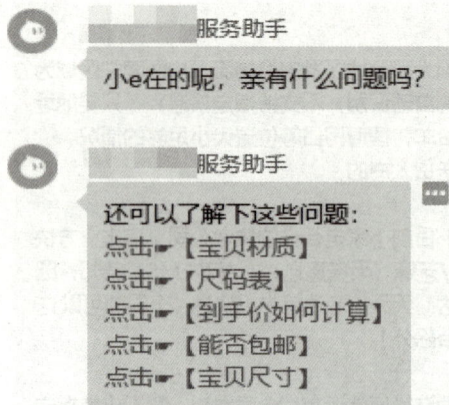

图6-3　某品牌客服的问候营销话术

（2）纠纷处理话术基本格式。纠纷处理包含退换货、处理差评、投诉等售后纠纷。话术设计必须采取"先致谢，后道歉"的原则，尽力安抚顾客的怒火，耐心地做出解释。

纠纷处理话术基本格式为问候+致谢+致歉+解决方案（或换位解释）+欢送语（或表情）。

致谢——感谢客户的监督，是他们的监督让我们不断地成长；道歉——为店铺服务的不足给客户带来的不悦，致以真诚的歉意。此举，可以打消大多数客户的怒火，让问题的解决方式更趋于平和。

例如，"亲，非常感谢您对我们家的支持！但是非常抱歉哟，由于咱们无法修改价格，为避免退款处理时间，耽误发货咱们帮您记录下，到货后给您退优惠券的金额到您的支付宝账号好吗？"

3. 客服话术的设计技巧

（1）感受式优化。感受式优化是指合理范围内，无限放大自身的价值。让客户感受到你的特别服务的本质是帮他解决问题。你要让客户对你更满意，那你在话术设计上，最基础的一步就是，要让客户感受到你是在帮他。

例如，客户付款后，问什么时候可以发货，是上午拍的，理论上可以当天发货。

客人：什么时候可以发货呀？

一般：亲，今天就可以给你发出了哦。（直接说死今天可以发，万一发不了货就比较麻烦）

中级：亲，我们是72小时内肯定会发货哈，不过正常今天就可以给您发出了，您放心的哈。（表明了可以今天发，不过说的保险些，就是到时候因为某些原因没发出也没关系）

高级：亲，我们是72小时内发货的哈，不过和您聊了这么久，我等等去仓库给您安排下，看看能不能今天就给您发出去。（只说一个大概意思，让客户感受到，是因为你，他才能享受到这样的服务）

（2）同盟式优化。同盟式优化是指不要站在客人的对立面，你们不是矛盾双方。

接待过程中会产生非常多的问题，当出现问题了，进一步设计你的话术，就应该是让你和客户结成同盟，一起打败"问题"。

例如，问题起因，客人重新下了订单，客服没有再一次核对地址，导致差点发错地址。客服马上按经验提出两个办法，然后联系仓库，问明现况。和仓库沟通后，发现包裹还在仓库。接下来应说些有"营养"，且合理的话来安抚客户。

首先，客服主动提出来的，先表明这个问题是我们两个的错，不要乱往自己身上揽责任，或是往客户身上推责任。然后，请示主管是否可以报销费用，主管说可以，先看看能不能追回快递。（让客户一直觉得，出现的这个问题，是他和客服共同的敌人，他们是在一起想办法）最后，仓库找到了这个包裹，没费多少周折就把问题解决了。

（3）朋友式优化。客服话术进阶，最强大的一招，就是自然而然成为客户的朋友。是朋友还有什么是不能解决，不能成交的？需要注意的是一个度，切记话述死板、客套。

淘宝客服的
话术技巧

（二）行为规范

在网店运营中，在线客服已成为一种常用的沟通方式，在线沟通具有省时、省力、快速的优点。但是在线沟通不见其人，语言行为便成为客户对我们的第一印象，所以沟通礼仪至关重要。

1. 使用合适的沟通语言

沟通中要加强语言的感染力，如图 6-4 所示，要适度调整自己的状态，表现出客服的专业，对待客户的问题应该立即回答，但是要留停顿的时间，给客户思考和提问。

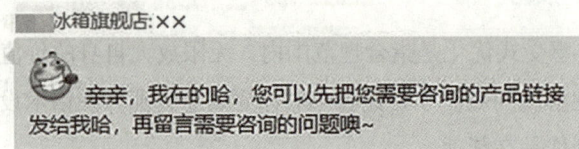

图 6-4　网店客服语言

2. 准确使用服务规范用语

常用的规范用语有请、您、谢谢、对不起等。无论客户的态度怎样，客服始终要控制情绪，保持平和的心态。

3. 沟通中注意倾听

要抓住客户在中心点有分歧的地方，需要跟对方再次确认反馈。在倾听过程中及时回应，让对方意识到你一直都在认真听他讲话。站在客户的立场，从客户的角度考虑问题，充分理解客户的心情，适当地安抚并表达歉意。

二、商品推荐与催单

客服作为店铺和买家之间的桥梁，除了帮助客户答疑解惑之外，还需要了解客户的需要，为客户推荐合适的产品。在客户拍下商品付款之前，还要进行合理的催付，以提高客户体验，提高付款转换率。

（一）商品推荐

一般情况下，客户咨询客服并成功购买商品后，这次交易就结束了。但是还有一些有心的客服，他们在了解清楚客户的需求后，会根据客户确定购买的东西，去分析一下这位客户还有哪些自己没有想到的需求，然后去询问客户，通常情况下，客户会再选择一些关联商品。

1. 商品推荐的原则

每一位客户在产品的需求和使用情况方面都不相同，客服需要结合客户之间的差异性，分析客户的具体需求，有目的、有针对性地推荐产品。

（1）快速接待，积极说服。当买家咨询商品信息时，客服要快速接待，如图6-5所示，主动推荐商品信息。要将客服的说服力转为对顾客的吸引力，回答字数一次性不宜超过4行。

图6-5 主动推荐商品

（2）发现需求，主动引导。客服应该对顾客在购买过程中表现出的犹豫心理进行有效分析，针对不同的需求主动引导顾客进行选购。

客服要仔细揣摩顾客心理，站在顾客的角度耐心询问，了解顾客对产品不满的原因究竟是价格、质量、款式还是其他，然后"对症下药"，正确做出推荐。

2. 商品推荐的策略

通过商品推荐可以帮助客户快速锁定所需商品，提高服务效率，促进成交；也可以利用关联销售技巧，关联更多客户所需的商品，提高客单价。在向客户推荐时，有以下几个策略：

（1）了解产品。不管是客服人员还是其他工作人员，要想为客户做推荐，先要对自己的产品和服务有了解，并且熟悉每一款产品和每一项服务的具体内容，这样才能更清楚地介绍每一款产品和每一项服务。

（2）学会询问。作为客服，要做好推荐，还需要会询问，询问客户的相关资料和情况，包括客户的年纪、性别、喜好和需求等。这些都是判断客户适合哪一款产品和服务的参考因素。

（3）学会礼貌推荐，懂得换位思考。客服做推荐的时候还需要保持基本的礼貌，这样会让客户更容易接受自己的建议，并且懂得换位思考，也能让自己掌握更多的信息和资源。

（4）客服做推荐需要保持平和心态，要有耐心，要细心。和客户打交道，特别是客服人员在做推荐的时候，更需要有好的心态，心平气和地与对方沟通交流，同时保持足够的耐心。

（二）催单

作为客服，催单是日常工作中最重要的一环，它影响我们的商品转化率，也决定着店铺的"生死存亡"，因而客服人员学会催单的技巧至关重要。

1. 催单原则

提高付款转换率最有效的方法就是催付，合理的催付既可以有效提高客户体验，还可以挽回订单，但是过急的催付反而会让买家反感，甚至主动关闭订单。因此，订单催付要遵循以下几个原则：

（1）有已付款订单的客户不要催，如一个客户在店铺同时拍下了两个宝贝，其中一个已经付款，另外一个没付款，这样的用户就无须催付。

（2）不要强行催付，不要用生硬的语言催付。

（3）注意频率，不要重复催付，对于已经催付过的用户，不要再发催付信息。

2. 催单策略

如果客户下单以后迟迟不见付款，我们可以先询问客户是什么原因，然后根据不同的原因，采取不同的对策。

（1）如果是客户还没有选择好，在颜色、款式上举棋不定的时候，作为客服，要帮助客户选择。询问其年龄、体重、身高，来帮助其选择适合的尺寸。

（2）如果客户是不太了解下单流程，可能是老年人，不会操作，客服要耐心地教客户如何下单，对待这一类顾客特别的要有耐心。

（3）如果客户还想货比三家、寻找更好的商品，那这个时候客服要向客户宣传产品的优势，如性价比高。

（4）如果有的客户表示还要考虑考虑，我们也可以用饥饿营销法向其表示这款是爆款，如果今天拍下的话还能享受优惠，如果过了这个时间段就要恢复正常价格，或者这款货已经要卖完了。

（5）如果是老客户的话，可以给予其一定的优惠，帮助其迅速下单，在与顾客聊天的整个过程中态度要好，要有耐心，这是客服的基本素养。

任务二　客户关系维护

网店客服的主要工作就是解决买家的疑惑，促进转化。前面讲了交易促成，接下来主要讲解售后客服问题处理和客户信息收集与维护。

一、售后问题处理

店铺的售后客服是非常重要的，这是关系到买家是否会回购、是否会给店铺带来不利影响的关键。

（一）网店客服售后问题的分类

1. 对产品不满

如果买家对产品或服务产生不满，售后客服要第一时间安抚好买家的情绪，询问是哪方面的原因导致其不满意。

例如，产品原因，可以协商是退换货或是补偿，要尽可能协商出一个让对方满意，又不让自己有亏损的方案，这样才不会影响店铺运营。

2. 物流问题

买家反映物流一直没有更新，首先要先解释清楚为什么发货比较慢，第一时间联系快递公司，并将物流信息反馈给客户。

如果是快递公司的原因导致的，那么要跟快递公司协商赔偿，然后跟买家协商是要退款、换货还是赠送礼品补偿，保证让买家收到一个满意的答复。最好再提醒买家，留意签收，如有问题，要及时解释。

3. 产品使用售后问题

如果买家在收到宝贝后反应使用过程中出了问题，客服首先要稳定好买家的情绪，并详细询问客户遇到的状况，记录下来，然后分析问题原因，耐心地为买家解答疑惑，提供解决方案。如果是客户不懂得如何操作，以致认为产品质量有问题，那么就要耐心地去教客户使用步骤及方法，让他们意识到并不是产品质量有问题，并告知若之后仍遇到问题，第一时间联系自己，这样才不会带来不必要的麻烦。

不论是处理哪一类售后问题，客服都必须要用一个温和的态度去与买家沟通，这样是做好售后处理的根本，否则不仅问题难以处理好，还会为店铺带来差评。

（二）处理客户售后问题的策略步骤

1. 引导买家说出疑问

通常有不少买家，无法清晰地将自己遇到的问题表达出来，那么客服就要懂得如何引导买家。例如，买家遇到产品质量问题，但说不出具体问题，客服就可以问是材质问题，还是有损坏等问题，这样我们才可以精准地解决买家的问题。

2. 提出解决方案，挽留买家

通过第一阶段的引导，我们能够有针对性地解决买家的问题。首先，必须得跟买家进行沟通，向其解释出现这一问题的原因，并给出第一解决方案，接着，看看买家是否同意这一方案，若不同意的话，就要进入下一阶段了。

要注意的是，千万不能第一时间就让买家退换货，即使买家主动提出退换货，客服也不能第一时间答应，而是要尽可能地挽留，否则会影响店铺转化。

3. 通过沟通，让双方妥协

买家在否定客服给出的解决方案时，是会提出自己想要的方案的，如果买家的方案不符合我们店铺规定的话，就要跟对方"讨价还价"了。在这个过程中，不要一下子就"砍价"，而是要通过解释去达到双方让步的效果。

例如，买家态度很强硬，那么你就可以通过赠送优惠券、红包等方式让买家让步；如果买家还不妥协，那么就让他们申请退换货。总之客服一定不能强硬。

4. 引导买家给予好评

在买家同意淘宝客服提出的方案之后，这个订单成功交易的话，再根据之前买家的态度，决定是否要跟对方沟通给予五星好评。如果买家之前的态度比较不好，就算了，免得引来差评。

二、客户信息收集与服务

在大数据时代客户关系管理特别重要，在网店运营中，客户信息管理可以通过建立用户画像和开展差异化服务来实现。

（一）建立用户画像

用户画像是指根据用户的基本属性、用户偏好、生活习惯、用户行为等信息而抽象出来的标签化用户模型。其标签化、信息化、可视化的属性，如图6-6所示，是企业实现个性化推荐、精准营销与差异化客户服务的强有力的前提基础，从本质上来说，建立用户画像的目的就是更好地服务客户。

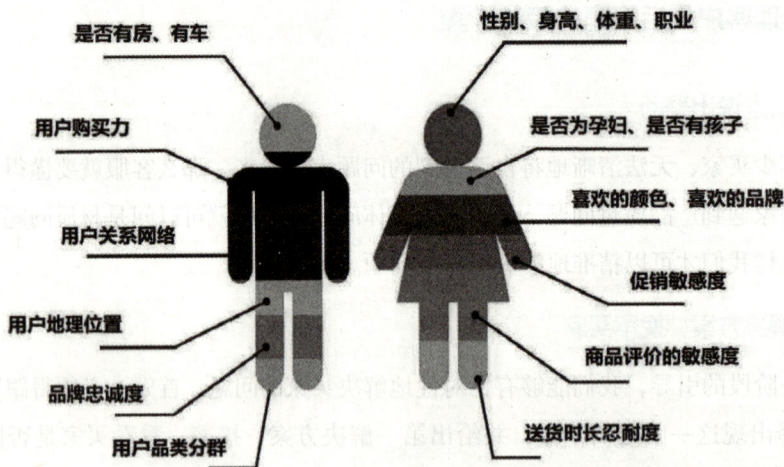

图6-6　用户画像

为了让整个用户画像的工作有秩序、有节奏地进行，我们可以将用户画像分为以下两个步骤：确定用户画像需要的特征指标、通过一定的方法构建用户画像。

1. 用户画像的主要特征指标

用户画像一般按业务属性划分多个类别模块。除了常见的人口统计、社会属性外，还有用户消费画像、用户行为画像、用户兴趣画像等。

人口属性和行为特征是大部分互联网公司做用户画像时会包含的：人口属性主要是指用户的年龄、性别、所在的省份和城市、教育程度、婚姻情况、生育情况、工作所在的行业和职业等。行为特征主要包含活跃度、忠诚度等。见表6-1。

表6-1　用户画像的主要特征指标

人口统计	社会属性	用户消费	用户行为
五本属性	家庭属性	消费属性	活跃属性
姓名 性别 出生年月籍贯 婚姻 学历	家庭组 ID 家庭类型 家庭人数 家庭小孩标签 家庭老人标签 家庭汽车标签	3/7/15/30 日内消费金额 3/7/15/30 日内消费次数 3/7/15/30 日内消费广度 首次消费时间 最后一次消费时间 消费间隔频次	3/7/15/30 日内登录次数 3/7/15/30 日内登录时长 3/7/15/30 日内登录深度
注册	公司	价值属性	行为属性
手机 邮箱 注册渠道 注册方式 注册时间	公司 ID 工作地点 公司行业 公司职位 收入	价值指数 流失指数 忠诚指数	3/7/15/30 日内评论数 3/7/15/30 日内点赞数 3/7/15/30 日内收藏数 3/7/15/30 日内浏览数
		消费周期	偏好属性
	终端设备	潜在用户标签 新客标签 老客标签 VIP用户标签 流失用户标签	价格偏好 类目偏好 特征偏好 下单时间偏好
	手机设备 ID 手机类型		风险
			欺诈风险 退换货风险 黄牛风险

除了以上较通用的特征，用户画像包含的内容并不完全固定，根据行业和产品的不同所关注的特征也有不同。

2. 构建用户画像的方法

在确定了需要画像用户的提取特征后，需要按照一定的方法创建用户画像。目前有很多关于创建用户画像的方法，比如 Alen Cooper 的"七步人物角色法"，Lene Nielsen 的"十步人物角色法"等，这些都是非常好并且非常专业的用户画像方法，值得我们借鉴和学习。

这些方法从流程上可以分为三个步骤：获取和研究用户信息、细分用户

七步人物角色法与
十步人物角色法

群、建立和丰富用户画像。在这三个步骤中，最主要的区别在于对用户信息的获取和分析，从这个维度上讲主要有以下三种方法，见表6-2。

表6-2　用户画像的三种方法

方法	步骤	优点	缺点
定性用户画像	1.定性研究：访谈	省时省力、简单，需要专业人员少	缺少数据支持和验证
	2.细分用户群		
	3.建立细分群体的用户画像		
经定量验证的定性用户画像	1.定性研究：访谈	有一定的定量验证工作，需要少量的专业人员	工作量较大，成本较高
	2.细分用户群		
	3.定量验证细分群体		
	4.建立细分群体的用户画像		
定量用户画像	1.定性研究	有充分的佐证、更加科学、需要大量的专业人员	工作量较大，成本高
	2.多个细分假说		
	3.通过定量收集细分数据		
	4.基于统计的聚类分析来细分用户		
	5.建立细分群体的用户画像		

相对来说，定性就是去了解和分析，而定量则是去验证。一般而言，定量分析的成本较高、相对更加专业，而定性研究则相对成本较低。因此，创建用户画像的方法并不是固定的，需要根据实际项目的需求、时间及成本而定。

（二）开展差异化服务

用户画像建立起来后，可以对所搜集的用户进行分类，了解网店客户的基本类型，对于提高网店客服的服务质量和服务效率具有极其重大的作用，具体如下。

1. 按客户性格特征分类及应采取的相应对策

（1）友善型客户。特质：性格随和，对自己以外的人和事没有过高的要求，具备理解、宽容、真诚、信任等美德，通常是企业的忠诚客户。

策略：提供最好的服务，不因为对方的宽容和理解而放松对自己的要求。

（2）独断型客户。特质：异常自信，有很强的决断力，感情强烈，不善于理解别人；对自己的任何付出一定要求回报；不能容忍欺骗、被怀疑、慢待、不被尊重等行为；对自己的想法和要求一定需要被认可，不容易接受意见和建议；通常是投诉较多的客户。

策略：小心应对，尽可能满足其要求，让其有被尊重的感觉。

（3）分析型客户。特质：情感细腻，容易被伤害，有很强的逻辑思维能力；懂道理，也讲道理。对公正的处理和合理的解释可以接受，但不愿意接受任何不公正的待遇；善于运用法律手段保护自己，但从不轻易威胁对方。

策略：真诚对待，作出合理解释，争取对方的理解。

（4）自我型客户。特质：以自我为中心，缺乏同情心，从不习惯站在他人的立场上考虑问题；绝对不能容忍自己的利益受到任何伤害；有较强的报复心理；性格敏感多疑；时常"以小人之心度君子之腹"。

策略：学会控制自己的情绪，以礼相待，对自己的过失真诚道歉。

2. 按消费者购买行为分类及应采取的相应对策

（1）交际型客户。特质：有的客户很喜欢聊天，聊得愉快了就到店里购买商品，成交了也成了朋友。

策略：对于这种类型的客户，我们要热情如火，并把工作的重点放在这种客户上。

（2）购买型客户。特质：有的客户直接买下您的商品，很快付款，收到商品后也不和您联系，直接给您好评。

策略：对于这种类型的客户，不要浪费太多的精力，如果执着地和他（她）保持联系，他（她）可能会认为是一种骚扰。

（3）礼貌型客户。特质：本来因为一件拍卖的商品和你发生了联系，如果你热情如火，在聊天过程中运用恰当的技巧，客户会直接到店里再购买商品，售后做好了，他（她）或许会因为不好意思再到店里来。

策略：对于这种客户，我们尽量要做到热情，能多热情就多热情。

（4）讲价型客户。特质：有的买家喜欢讲价，总是认为价格还能再低些，讲了还讲，永不知足。

策略：对于这种客户，要咬紧牙关，坚持始终如一，并保持和蔼的态度。

（5）拍下不买型客户。特质：有些买家拍下后久久不付款，或者因为忘记，或者单纯的拍下做产品标记。

策略：对于这种类型的客户，如果是忘记付款，可以善意提醒，如果是随意拍下，久久没有回复，可以忽略。

3. 按网店购物者常规类型分类及应采取的相应对策

（1）初次上网购物客户。特质：这类客户在试着领会电子商务的概念，他们的体验可能会从在网上购买小宗的安全种类的物品开始。这类客户要求界面简单、过程容易。

策略：产品图片对说服这类客户完成交易有很大帮助。

（2）勉强购物客户。特质：这类客户对安全和隐私问题感到紧张。因为有恐惧感，他们在开始时只想通过网站做购物研究，而非购买。

策略：对这类客户，只有明确说明安全和隐私保护政策才能使其消除疑虑，轻松面对网上购物。

（3）便宜货购物客户。特质：这类客户广泛使用比较购物工具。这类客户不玩什么品牌忠诚，只要最低的价格。

策略：网站上提供的廉价出售商品，对这类购物者最具吸引力。

（4）"手术"购物客户。特质：这类客户在上网前已经很清楚自己需要什么，并且只购买他们想要的商品。他们的特点是知道自己做购买商品的标准，然后寻找符合这些标准的商品，当他们找到了合适的商品时就开始购买。

策略：快速告知其他客户的体验和对有丰富知识的操作者提供实时客户服务，会吸引这类客户。

（5）狂热购物客户。特质：这类客户把购物当作一种消遣。他们购物频率高，也最富于冒险精神。对这类客户，迎合其好玩的性格十分重要。

策略：为了增强娱乐性，网站应为他们多提供观看产品的工具、个人化的产品建议，以及电子公告板和客户意见反馈页之类的社区服务。

（6）动力购物客户。特质：这类客户因需求而购物，而不是把购物当作消遣。他们有自己的一套购物策略，不愿意把时间浪费在"东走西逛"上。

策略：优秀的导航工具和丰富的产品信息能够吸引此类客户。

📖 案例延伸

客服也是竞争的一部分

在产品日渐同化中，商业竞争激烈，如果你还在拼价格谁更低端，那就OUT了。在各大行业中寻觅商机优势赢得销量的同时，也无法忽视顾客的购买水平，消费需求也在日益增长。从最初的电商竞争优势逐步转移到服务上，服务也分很多种。首当前冲的就是与顾客天天打照面的客服，大麦云客服就是在商家与顾客之间的桥梁，跟顾客沟通、促成交易、为商家赚取销量，但客服单单跟顾客沟通就好了吗？不，跟其他部门同事的有效沟通对日后的工作也起着重要作用。

案例背景一

（案例涉及人员包含顾客A、客服B、财务C、仓库D、快递E）

顾客A静默下单（符合包邮条件）但是没有包邮，立即联系客服B退邮费差价，客服B引导顾客A退款重拍，顾客A配合完成退款重拍，客服B订单备注退款原因通知财务C，但无果，财务C没有退款，导致两单一同发出。最终顾客F只收到一笔一单货品，马上又申请退款，然而被财务C拒绝了，顾客A气急了，立即找寻客服B反馈情况，要求原订单退款处理。

客服B处理方式：

（1）遇到这种情况后，首先应联系财务C核对下未退款原因，财务C反馈没看到通知其退款（当时不在座位上）。

（2）客服B感到非常无奈，直接联系仓库D查明另一单是否发出，因仓库D反馈是财务的错，不配合提供仓库出库情况及快递底单重量。客服B只能从快递方入手，联系到快递E，快递E要求库房提供底单，又回到了起点，客服B索性就搁置在那里不处理了，最终问题拖延了2天才解决。

处理结果：

最终客户全部申请了退款，在老板的施压下，仓库D提供了相关证明，核实了出库情况，确定该事件为乌龙，库房确实只发出一单货品，最终还是通知店铺财务C，处理客户的退款。

案例背景二

（案例涉及人员包含顾客F、客服G、财务C、仓库D、运营H）

案例雷同，此处不再阐述。

客服G处理方式：

（1）首先，跟店铺仓库D联系，要求其出示快递底单，核实其出库重量，得到答复确认只发出一单货品。

（2）然后，再跟店铺财务C沟通，说明已核实到仓库出库情况，可及时处理退款。半小时就把这个事情解决了。

（3）最后，告知店铺运营H该情况，对店铺包邮重新设置，避免再次出现该情况。

处理结果：

店铺财务C及时处理了退款，顾客F收到货后也给了好评。运营H也对于店铺包邮设置进行J整修完善，避免再出现因邮费纠纷导致退款和投诉。

以上两个案例分析对比：

案例背景一导致多次申请退款，主要原因有以下几点：

（1）未跟其他部门做有效沟通，导致店铺财务未及时处理退款；仓库没有看备注直接发货。

（2）店铺仓库、店铺财务与客服在事件处理上存在分歧。

案例背景二大大减少了处理时效，主要原因：

（1）核实问题本源，从库房入手，先核实出库情况。

（2）核实到了出库情况，再跟店铺财务达成处理共识。

（3）财务及时处理退款，降低人本核实麻烦率，也大大提升了客户的购物体验。

总结

以上两个案例，背景一样，但是最后呈现的结果大不同。一方面，客服必须跟其他部门进行有效沟通，双方做好配合，顺顺利利处理好每一件事情；另一方面，客服必须学会处理事情的方法与先后，有头有尾，提高事情的处理效率。客服不单单只接待顾客，促成订单，也是店铺和顾客之间的一个沟通桥梁。遇到此情况，应当从问题本源开始核实排查，查明各种导致事情结果的可能性，为其他部门提供核实方法与处理方式，减少人力沟通成本，提升事情处理时效。

综上所述，沟通确实重中之重！客服与其他部门的沟通需要注意以下几点。

（1）态度。在日常沟通中，一定要跟其他部门同事好好相处，逐渐培养默契，处理事情也就事半功倍。千万不要因为一点事情就闹翻，这样的人往往会把情绪撒给客户，那样引起的后果可想而知。服务行业中最忌讳的就是心态不端正，应当时刻保持一个鼓励自我、积极向上、不断学习、虚心接受、持续完善自我的状态。有错误并不可怕，孰能无错，错则改之，无则勉之。

（2）沟通。客服不仅仅局限于旺旺沟通，当其他部门同事有事离开的时候，紧急事情一定要电话通知，千万不能只顾旺旺留言，否则，其他部门的同事有时候很容易忽略信息，以致带来损失。

（3）专业度。不管在电商中任何岗位，专业度是一直用来衡量的标准。对于客服岗位，专业度更是重中之重。

（4）方案。有了核实结果，就少不了解决方案。可以提供几种不同的解决方案，不仅能让其他部门的同事对处理纠纷有更加清晰明了的方向，也大大减少了自己去核实的成本。

（资料来源：百度文库，2019.06.25）

项目检测

一、单项选择题

1. 客服话术的基础回复通常不包含（　　）。

　　A. 产品信息

　　B. 物流快递信息

　　C. 发货信息

　　D. 跟单催付

2. 咨询下单类话术基本格式是（　　）。

　　A. 问候语＋自报家门＋品牌宣导（或营销活动）

　　B. 问候语＋自报家门＋售后保障

C. 问候语＋物流信息＋品牌宣导（或营销活动）

D. 物流信息＋售后保障＋品牌宣导（或营销活动）

3. 网店用户画像的主要指标特征不包括（　　　）。

A. 身高体重

B. 用户消费

C. 用户行为

D. 用户兴趣

4. 对于自我型客户的策略是（　　　）。

A. 提供最好的服务，不因为对方的宽容和理解而放松对自己的要求

B. 真诚对待，作出合理解释，争取对方的理解

C. 学会控制自己的情绪，以礼相待，对自己的过失真诚道歉

D. 小心应对，尽可能满足其要求，让其有被尊重的感觉

5. 按消费者购买行为分类的网络客户类型不包括（　　　）。

A. 交际型

B. 购买型

C. 礼貌型

D. 自我型

二、判断题

1. 纠纷处理包含退换货、处理差评、投诉等售后纠纷。（　　　）

2. 在线客服遇到情绪激动的客户时，要勇于回击。（　　　）

3. 客服在催单时应加大催促频率。（　　　）

4. 用户画像是指根据用户的基本属性、用户偏好、生活习惯、用户行为等信息而抽象出来的标签化用户模型。（　　　）

5. 产品图片对说服初次网购者完成交易有很大帮助。（　　　）

三、简答题

1. 客服话术的设计技巧有哪些？

2. 处理客户售后问题的策略步骤有哪些？

四、趣味挑战

注册阿里旺旺账号，绑定卖家账号，体验客服流程。

扫码看答案

实训拓展

1. 实训名称

用户画像数据分类与处理。

2. 实训目标

（1）掌握用户画像的知识和方法。

（2）根据提供的数据做出用户画像。

3. 实训要求

（1）熟练掌握用户画像的有关数据指标。

（2）能够根据不同的方法进行用户画像。

4. 实训仪器

U盘、投影设备、局域网、计算机、互联网、交换机、网线。

5. 实训内容与步骤要求

绘制用户画像基于用户在网店的访问数据，对杂乱无序的数据，要将店铺访客的用户数据划分为静态信息数据和动态信息数据两类：

（1）静态信息数据是指用户相对稳定的信息，包括性别、年龄、地域、职业、婚姻状况等人口属性方面的数据，这类数据主要来自老用户，通过发放会员卡收集信息，进行数据清洗后，统计出年龄、性别、地域等分布情况。

（2）动态信息数据是指用户的行为数据，包括搜索、点击、咨询、关注、加购、下单、支付、评价等一系列数据，这类数据由访客在网店的行为产生，通过后台或第三方软件获取，经过数据加工（数据清洗、数据计算、数据排序等），可用于分析客户需求、情感偏好及消费习惯。实训参考数据如下，详见二维码。

用户画像数据分类与处理.docx

用户画像数据分类与处理——素材访客行为监控表.xlsx

用户画像数据分类与处理——素材会员信息.xlsx

附源数据：
项目六实训拓展

6. 考核标准或评价

（1）实训后，学生将实训结果等内容写成实训报告。

（2）指导教师对每份实训报告进行审阅、评分。

（3）该实训课程是对理论教学内容的应用与验证，实训课的成绩记入课程平时成绩，占总成绩的 20%。

网店运营
新场景篇

项　目　七

网店运营
新方向

知识目标

1. 了解社群的种类与区别。
2. 了解新媒体的种类。

能力目标

1. 掌握社群运营的方法。
2. 掌握新媒体运营的方法。

思政目标

1. 培养学生的创业意识和创业精神。
2. 培养学生举一反三、触类旁通的学习能力。

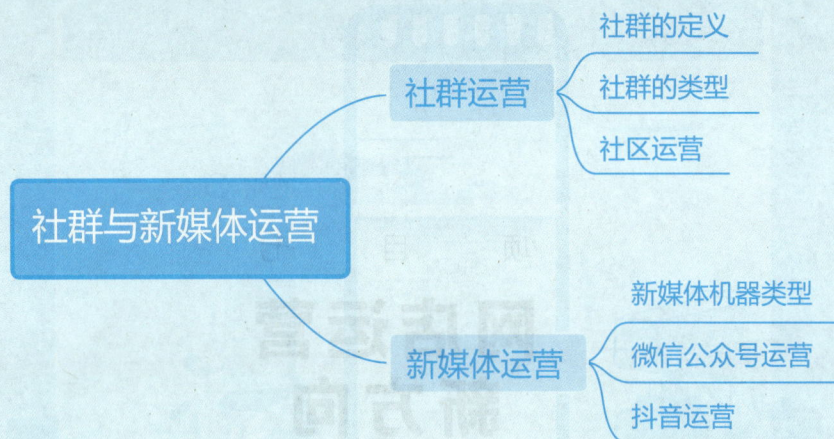

思维导图

社群与新媒体运营

- 社群运营
  - 社群的定义
  - 社群的类型
  - 社区运营
- 新媒体运营
  - 新媒体机器类型
  - 微信公众号运营
  - 抖音运营

案例导入

"玩转社群经济"星巴克运营成功背后的秘密

星巴克对社群运营的操作，可谓炉火纯青。在Twitter、Instagram、Google+、Facebook等平台上，都可以看到星巴克的踪影。星巴克的社群运营玩法包括：

（1）借助Facebook和Twitter推广新产品。星巴克曾经为了促销黄金烘焙豆咖啡，而推出FacebookAPP，顾客可以从中了解新品资讯、优惠福利等。而在Twitter上，星巴克也展开了宣传，并通过文章引流。

（2）运用贴合热点的广告和主题标签。如美国曾遭遇Nemo大风雪，星巴克当时在Twitter上推出了在寒冬中握着热咖啡的广告，并且利用#Nemo和#blizzard等标签，贴合顾客的生活。

（3）与Foursquare合作慈善活动。星巴克曾与Foursquare合作，推出抗艾滋慈善活动，顾客到星巴克消费，并在Foursquare上打卡，星巴克就会捐出1美元。

你认为社群运营应该如何操作？

（资料来源：搜狐，2019.09.06）

任务一 社群运营

企业利用社群的方便性、关联性对产品或企业进行营销宣传，并以社群的方式做辐射性运营及用户管理。这种方法正在被越来越多的运营人员使用，但并不是所有运营人员都可以做好社群运营。

对于很多刚刚从事运营工作的人来说，社群只是QQ群或微信群。其实不然，社群有很多种形式，社群对于运营来说是开展运营工作的利器，而且社群运营在多数情况下是低成本运营，可以以一人之力维护好几千人的社群。

一、社群的定义

一般社会学家与地理学家所指的社群，广义而言是指在某些边界线、地区或领域内发生作用的一切社会关系。它可以指实际的地理区域，或是在某区域内发生的社会关系，或指存在于较抽象的、思想上的关系。

这看起来与社区定义很相近，但差距却很大。社区的定义包括社群，并且社区内并不一定都会产生关系，这也是最大的区别。而社群是指所有在某个区域或形式上所产生一定关系的群体，并且社群并不仅是一个群，而是一个可以满足各个需求并产生社会关系的群。

网店运营中社群的定义是指一群需求相同的群体，在一定形式区域产生的社会关系。现在的QQ群、微信群、陌陌群、豆瓣小组、粉丝群、直播间，甚至某些特定兴趣的论坛等都是一群志同道合的人聚在一起产生了交流的关系或更深入的关系，正是这种关系不断满足着社群内各个用户的精神需求，而这些需求是最早支撑用户加入群体的动力。

社群会出现不同群组，正是因为这种现象，社群才有辐射群体的能力。大型社群按需求的不同分离出小型社群，而小型社群又会在不同的社群吸引志同道合的群体，再产生不同的小型社群，如此反复则会发现很多用户在某类需求一样的情况下会加入多个社群，并相互沟通与聊天，即形成了以某大型社群辐射多个中型社群或小型社群，再由此不断辐射更多有相关需求的社群，具体如图7-1所示。

社群关系复杂程度是由用户与用户关系带动而产生，每个社群之所以有一定的关联性是因为社群中有用户存在多种需求，而单个社群无法满足用户各种需求，因此用户拉上其他有同样需求的用户建立社群，用户与用户的关系带动群与群的关系，从而出现了多社群，如图7-2所示。

社群中的多个关系与需求促成了多个社群，每个社群都会有独立管理人员。如我个人的QQ群是运营群，经常会有群成员建立营销群拉运营群的用户过去，因为所有社群管理者都希望聊天内容和专业人员与社群内用户的诉求相同，不会偏离社群主线及调性。

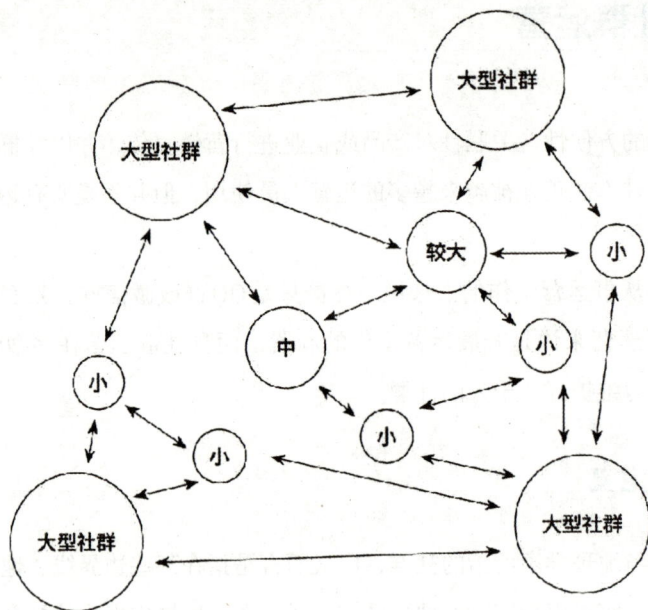

图 7-1　社群关系链

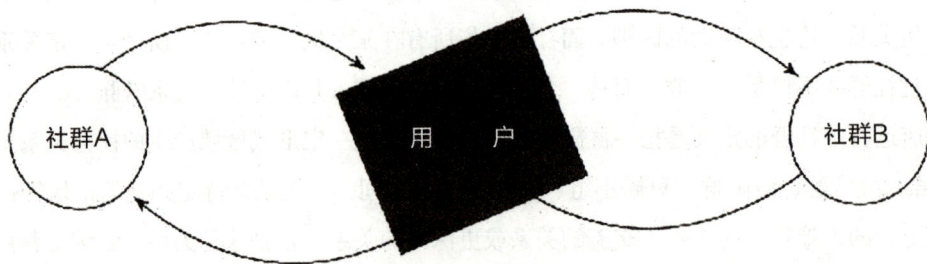

图 7-2　社群与用户关系

二、社群的类型

每个社群都有自己的类型，并且根据不同的类型有不同的运营方法及运营过程，这也是为什么同类社群有些可以做得很好，但有些做得并不好，甚至很差。建立社群的目的及增长的方式都会决定社群未来的方向，对于与社群调性不同的用户，需要进行对应的过滤。

社群类型按照用户加入意愿可以大致分为五大类。

（一）学习类

学习类社群主要由一群以学习某类知识为目的的用户构成，由一名或多名知识关键意见领袖（Key Opinion Leader，KOL）为代表，经常输出相关的知识来满足用户获取知识的精神需求。例如，互联网运营交流群本质就是学习类社群。

（二）交友类

交友类社群主要由一群以交友、闲聊为目的的用户构成，此类社群交流的内容多为生活八卦，并且聊天频率高。代表群有大学生群等。

（三）兴趣类

兴趣类社群主要由工作之外娱乐性质的成员构成，此类社群交流内容多为兴趣内容，很少沟通其他内容。这类社群以娱乐为主。代表群有钓鱼群、游戏群等。

（四）利益类

利益类社群主要由有某种利益捆绑关系的用户构成，此类社群包括交流合作、广告招聘、优惠活动等。此类社群用户都是利益性的。代表群有各类广告群、红包群等。

（五）交流类

交流类社群主要由有职业交流或行业交流需求的用户构成，此类社群聊的都是行业内容及动向，专业性较高。此类社群成员多是各个行业的工作人员或创业人员。代表群有汽车金融群、电子商务群等。

虽然社群是有分类的，但交流的内容会相互交叉。像有的互联网运营交流群有时会交流行业内容，有时会交流招聘，有时会有知识分享等，但多数时间是知识分享。所以判别一个群是什么类型，需要看其 80% 的内容是在聊什么。每类社群都会产生社群类型交叉的因素，并且有时候交流内容占比相当，难以分类。此时可根据自己对这个社群的认知，贴上自己认可的标签即可，社群具体聊的内容是为了满足用户需求而产生的。

三、社群的运营

一个社群是由许多用户构成，作为一个集体产生社会关系和沟通区域，那么它是否需要被运营呢？其实这个问题就像我们生活在同一个村庄，在村庄中的重大问题、决定都会由村民委员会主任、村党支部书记等进行决策。社群需要扩大群人数、提升活跃度等，当然，社群也会出现无良群友、广告等内容。

因此，社群是需要运营的，没有运营的社群，只会随着时间的变化逐渐沦为广告群、"死群"。社群是由用户构成，同样的需求将他们吸引到同一个社群，但不同的用户会有不同的隔阂，表面看似沟通良好，一旦冒犯到对方便有可能引起一些辱骂行为，或因为广告过多使用户对社群没有了认同感等，这些情况都会直接引起社群活跃度下降、用户数量减少等。运营如果介入可及时缓解矛盾、剔除广告，让整个社群的交流内容质量符合群定位。

（一）社群运营的内容

1. 运营社群目的

运营社群目的：主要是指企业建立此社群、开展社群运营的目的是什么，如在产品建设期建立社群的目的是为了培养用户，并为种子用户备用选择做准备，有些企业会将社群作为营销推广群。所以运营人员需要先了解建立及运营社群的目的是什么，以便准备方案、调整运营方向。

2. 了解及分析社群

了解及分析社群：需要在早些时候"潜伏"在接手群或其他相关群内，了解社群内交流的内容及KOL类型，并分析对应的社群运营方式，以便后期进行运营与管理。

3. 社群类型及定位

社群类型及定位：此部分工作其实是与了解与分析社群同步的，但这是两个不同的工作内容。定位社群类型主要是针对群内内容及情况对社群类型进行定位，并通过沟通内容对社群内用户、群的发展方向进行定位，通过对社群的类型、用户、发展方向定位后，可以对应准备运营工作。

4. 社群信息

社群信息：此部分工作与以上两项工作内容也是同步的，主要是了解社群基本信息，包括但不限于社群名称、社群关键词、原管理人、原管理方式等。了解这些信息有助于制定运营方案。

5. 运营社群

社群运营：早期需要根据之前所有了解的信息与用户情况制订一套可行性较高的运营方案，并且体现出具体的运营目标、目的、执行内容及合理的预算表，借助这些内容对社群具体开展运营工作。

接管社群五步工作完成后，就可以正式开始对社群进行运营。在运营社群过程中碰到的各种问题需要根据特定情况进行分析，以数据结果对运营方案进行调整。

（二）社群运营操作

1. 确定社群核心定位

社群定位是所有社群运营工作的前提，它可以帮助运营人员不偏离运营主线。社群定位主要是依据产品进行核心定位，从而开展多个辅助定位。例如，某电商社群的核心定位是为了让用户购买自己的产品而产生现金流，辅助定位是为用户提供优惠等相关信息或交流购买心得等。

在整个社群运营过程中，定位相对困难，毕竟每个群功能不一样，用户对社群的诉求不同。一般在管理多个社群时，要做好三步工作，来对社群进行准确定位。

（1）主要核心定位：主要是对社群进行大方向定位，如这个社群是以销售为核心定位还是以培养用户为核心定位等，通过这种核心定位来指导社群未来所有工作的开展与管理。

（2）社群功能定位：对于社群进行核心定位后，要对社群功能进行定位，如果有多个群，社群核心定位是培养用户，其中有的群可能培养的是种子用户、有的可能培养的是普通用户、有的可能培养的是内测用户等。因此，对于社群的功能定位就会是种子用户培养功能、内测用户培养功能等。而在整个社群运营的过程中，社群功能的定位会随着运营人员要求的变化而产生变化。

（3）定位分析与辅助定位对于社群核心、功能定位完毕后，则要对现在的社群或未来建立的社群进行定位分析，分析这样定位所需要建立的社群类型及用户定位，并同时准备辅助定位，以达成社群运营的最终目的与核心定位，如图7-3所示。

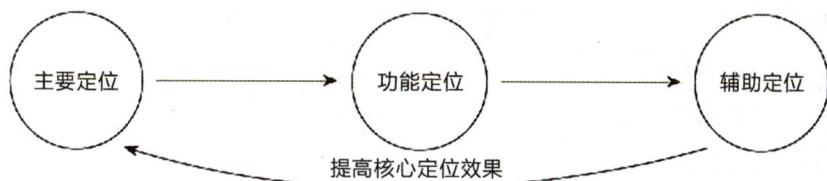

图 7-3　社群定位

整个社群定位并不是一成不变的，而是会随着企业、运营的要求变化而产生变化，但是可以通过辅助定位很好地隐藏核心定位的目的及应用情况。借助辅助定位，在整个社群核心定位变迁中，用户也不会感知到整个社群环境及定位已经产生了变化，而是感知社群表面。无论是上百个社群定位还是单个社群定位，在辅助定位过程中都要体现出可以满足用户需求或欲望的知识或内容，只有满足用户需求才可成功留住用户，使之长时间驻留在社群中，而社群整体的价值才会真正体现。

2. 找出社群核心用户

社群由用户组成，且社群主要也是以人与人交流为主要形成方式，而用户的不同会直接影响社群质量与社群定位，所以根据社群定位对社群成员进行管理及过滤是有必要的，通过用户管理与过滤对社群及内容进行质量管理。很多社群由行业交流社群逐渐演变成广告群或闲聊群，主要就是因为社群运营人员对用户未进行过滤及管理，让大量非相关人群涌入群内，社群也由原本行业交流群逐渐沦为人人屏蔽且毫无价值的广告群。

对于社群成员进行管理及过滤的工作其实并不只是运营人员的事情，在很多时候对于人员及内容的管理可以交给用户，给用户提供对应的权限用以管理用户质量及产出的内容情况，并对优质内容或用户进行引导，活跃用户。将运营人员的工作逐步移交给用户，让用户为其进行管理及长期运营，避免社群无人运营的情况，如图7-4所示。

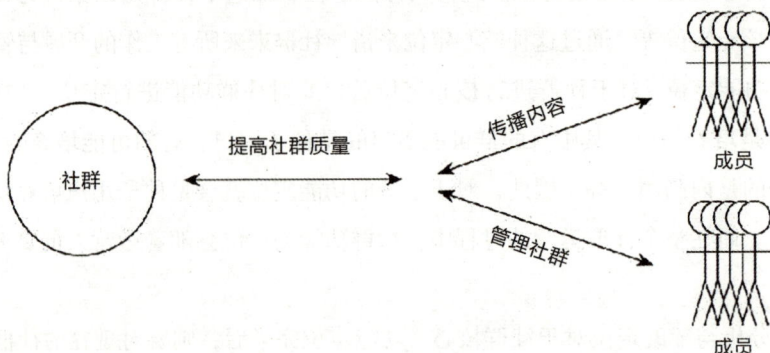

图7-4　核心用户

在社群运营之初，你无法辨别这些用户是不是核心用户，可以通过后续社群中用户之间的交流与沟通发现合适的核心用户。多数情况下核心用户会呈现出以下显性特征。

（1）对社群有重大贡献。

（2）引导、活跃用户交流。

（3）主动维护及管理内容。

（4）与运营人员有一定关系。

（5）平均社群在线时长1~2小时。

将喜欢管理的用户设定为社群管理人员，将喜欢聊天的用户设定为社群引导人员等，并且针对每位用户职责不同，对应地赋予一定的社群权限或利益满足。运营人员通过核心用户反馈社群情况、挖掘社群潜在客户，以更方便的方式管理及运营社群。当然，每个核心用户最重要的用处是对整个社群氛围的带动。一般核心用户都会极其认可社群，并不由自主地维护社群及传播社群规则与宗旨，用户传播与运营人员传播的不同之处在于，用户更愿意相信用户所传播的内容。因此，可通过这种方式对社群运营人员进行高效管理及运营。

3. 制定群规

每个社群都会有自己的规则与制度，这如同每一个企业都会有自己所遵守的规则与制度，一个社群同样也需要自己的规则与制度，建立自己的社群内容底线及管理底线。

建立社群的制度是为了维护社群正常运作，如不允许出现广告，要求名片一致，不允许发大图等，这些都是社群规则与制度的体现。对于没有遵守社群规则与制度的用户，自然会有管理人员对其进行对应的惩罚，通过制度与规则让社群成员在社群内交流与沟通的过程中减少困扰，提高用户体验，并通过社群定位与社群规则对用户产生心理层面的影响，让社群成员记住此社群。社群所建立的制度与规则会给用户创造一个相对自由但有规则的社群，通过这种方式让更多的用户自由地沟通。这如同社会，每个人可以自由、安全地生活，是由于国家为社会提供了最大的保障（如医院、警察局等）。

通过社群运营，让用户感受到在社群自由制度下的好处，并让其遵守社群制度，关键在于站在社群成员角度建立社群自由制度，只有这样才会让社群成员遵守社群制度（一个行业交流群，站在用户角度看到广告会自然产生反感，那么对于广告进行制度管理则会得到社群成员大力支持）。

在整个制度的维护下，一旦社群出现任何规则不允许的内容，每个社群成员都可以通知管理人员进行管理，因此用户会逐渐认可及遵守社群规则，在规则之下进行合规的内容沟通与交流。社群自由制度会让用户无忧无虑地沟通，而自由制度也正是通过制度的设立来活跃用户，如定期清除不发言的用户、定期提醒用户遵守规则。而当有了上百个社群后，所有的社群管理也

微信或粉丝群规

会根据功能不同进行不同的管理，同样也可通过核心用户对社群进行操控，通过管理核心用户的规则去让各个核心用户管理自己所处的社群。随着各个社群的制度、规则的制订，内容的建立，逐渐为用户建立归属感。

4. 让成员依赖社群

所有的社群运营人员都希望自己所运营的社群可以一直活跃、一直被喜欢，这就需要针对社群规则与内容进行管理与更新，让用户对社群产生依赖，只有当用户被社群内容吸引住并逐渐开始依赖社群，才有可能一直活跃其中、喜欢该社群。

一个社群如果想让社群成员对社群产生依赖感，需要针对以下四个方面做好管理及维护：

（1）社群内容。社群内容作为社群运营中必不可少的一项，是非常重要的。无论是对用户还是运营人员，社群输出内容好坏会直接影响整个社群的质量与氛围。对于运营人员来说，让用户产生依赖感主要是以社群内容为核心，由此延伸发展，从而引导社群内容。

（2）内容引导。内容引导对于社群内容有着直接作用，这主要是由于社群产出合适的内容需要由用户引导。有内容的用户进行分享或交流，由此通过用户或核心用户不断引导内容符合社群定位。在社群成员交流时，产生与定位不符或暴力等违规内容时，内容引导也会很好地将用户引导到符合社群定位的内容。

（3）用户管理。用户管理主要是管理社群内用户的内容、名片及用户类型等。用户管理可以根据社群成员类型来决定如何刺激用户，并通过刺激用户的痛点、痒点达到用户对社群的依赖。

（4）用户刺激。通过不断维护及引导社群内容方向，为社群建设打好基础，让用户在沟通与交流的过程中可以得到最直接的满足，进而通过用户管理及用户刺激来让用户不断产生依赖感。

5. 提高社群活跃度

对于社群运营来说，最头疼的事情就是社群怎么运营都不活跃，而一个社群是否能活跃需要的因素多种多样，社群的制度、核心人员、内容质量、内容反馈等方面都会直接影响社群的活跃度，用户产生的依赖与认可也是进一步支撑用户活跃度的动力。

想快速让一个已经没有生气的社群活跃起来，需要由社群内核心人员不断输出知识，帮助社群成员重新建立对社群的依赖与认可，逐渐提高整个社群的活跃度。对于社群运营人员来说，想要快速提高社群活跃度，需要做以下三点：

（1）选择核心人员，对社群活跃极为重要。社群内都会有几个核心用户，对于这些核心用户，需要根据不同的特性去分配工作内容，如让分享知识的与喜欢问问题的核心人员进行沟通，就会帮助分享知识的核心用户不断创造社群成员所喜欢的社群内容，准备核心人员的时候应考虑对应的输出与输入关系。

（2）选择合适的方法去激活用户，会提高唤醒用户的效率。现在的社群红包、@全体成员等方法都会有不同的效果与影响，如果是通过红包唤醒社群成员，则会出现领完红包没有用户说话的现象。所以选择合适的方法对用户进行召回也是非常有必要的。

（3）通过群主或管理人员定期组织群众活动、见面会等方式来进行促活，如果是学习类社群，还可以定期组织线上课程对社群成员进行促活。通过这些方式可以让成员之间的关系变得紧密，从而不断在社群中产出内容。

（三）社群运营评估——ISOOC 模型

卖家建立和运营社群后，如何评估所建立和运营的是不是一个优秀的社群，有哪些指标可供参考？卖家可以通过ISOOC模型的五个中心要素对社群进行评估和改进。ISOOC模型的五个中心要素分别是同好（Interest）、结构（structure）、输出（Output）、运营（Operate）、复制（Copy）。

1. 同好

卖家要思考消费者为什么会聚到社群里？重要的是在一起做什么？和事物是否具有价值，没有必然的联系。这些同好，可以基于某一个产品或一个服务而聚集到一起，如苹果手机、锤子手机、小米手机；当然也可以基于某一种行为而聚集到一起，如爱旅游的驴友群、爱阅读的读书交流会；还可以基于某一种感情而聚集在一起，如班级群、校友群、校园VC火种节团队群。同好，是对某种事物的共同认可和行为。总之，就是所有人在群里是要有共同的价值点，如图7-5所示。

同好
Interest 决定了社群的成立

图 7-5 同好

2. 结构

社群的一般结构包括组成成员、交流平台、加入原则、管理规范。组成成员：发现号召起那些有"同好"的人，抱团形成金字塔或环形结构，最初的一批成员会对以后的社群产生巨大影响。交流平台：要有一个聚集地作为日常交流的大本营。加入原则：设置一定的筛选机制作为门槛。一来保证社群质量，二来会让加入者由于加入不易而格外珍惜这个社群。管理规范：群内人越来越多，就必须要管理。一要设立管理员，二要不断完善群规。观察众多社群会发现要想使一个社群长久活下去，而不是很快成为一个"僵尸群"，是需要一定的结构的，如图 7-6 所示。

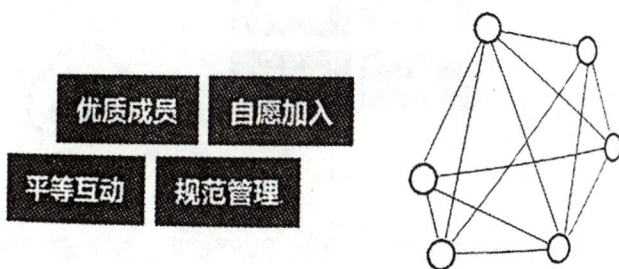

结构
Structure 决定了社群的存活

图 7-6 结构

3. 输出

基本上一个社群在成立之初都有一定的活跃度，如果不能持续提供有价值的输出，这个群的活跃度就会慢慢下降，有一个人开始发广告，群主或管理员不出面制止，很快这个群就散了，沦为广告群。没有足够价值的群，迟早会被解散。"输出"还要衡量群成员的输出成果。好的社群里所有的成员都有不同层次、不同领域的高质量输出，能释放出更强大的能量。这个在微商领域的等级管理培训中最为明显。持续输出有价值的东西，则是考验社群生命力的重要指标之一，如图 7-7 所示。

输出
Output ┃ 决定了社群的价值

知识干货   咨询答疑
信息资讯   利益回报

图 7-7   输出

4. 运营

一个社群如果不进行运营，很快就会变成"僵尸群"，关于运营我们可以从以下四个方面开展，如图 7-8 所示。

运营
Operate ┃ 决定了社群的寿命

组织感   仪式感
归属感   参与感

图 7-8   运营

①仪式感：比如加入社群要通过申请、不仅要接受群规、有违反群规行为时，还要接受奖惩。
②参与感：比如通过有组织的讨论、交流、分享，来保证群内有话说、有事做、有收获。
③组织感：比如通过对某个活动的分工、协作、执行，以保证社区的战斗力。
④归属感：比如通过线上线下的互助活动等，保证社群的凝聚力。

5. 复制

一个有生命力、有灵魂的社群一定是可复制、可传承的。举一个例子，以一个我们耳熟能详的广场舞为例。很多人只是以为大妈们跳的是广场舞，其实那是大妈们的江湖，那么在时代夹缝中的广场舞要怎样用社群做一次革新升级呢？俗话说："不是一家人不进一家门"，所以

"同好"是第一步。"广场舞"则是基于同一兴趣爱好所产生的行为群。在此基础上，有文化衍生，就有得以复制的可能。所以，想复制社群，就要找到你的社群在灵魂和生命力上的文化，如图 7-9 所示。

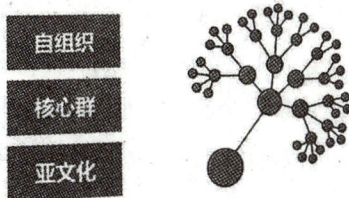

图 7-9　复制

任务二　新媒体运营

新媒体运营从一开始作为互联网行业的稀缺工作，发展到热门工作，再到如今的普通工作，整个过程直观反映出了新媒体运营的重要性及普遍性。现在任何产品的推广或使用都会延伸到新媒体渠道或产品上，利用新媒体平台的流量及用户对自己的产品进行推广与运营。而在整个新媒体运营过程中，会有很多需要注意及了解的地方，如很多人认为新媒体只是微信或微博。随着时代的发展与进步，许多新型媒体的展现方式及运作模式也不断刷新着整个新媒体行业。

从新媒体字面意思可以将其理解为所有的新型媒体，新型媒体所开展的工作可以理解为运营，但具体来说并不是这么简单。每一个新媒体都有可能成为为产品带来巨大效益的渠道，合理选择新媒体，合理运营新媒体可以在初、中、后期为产品带来直接的帮助，同时也是快速宣传自己产品及品牌的极佳途径。

一、新媒体机器类型

许多从事运营工作多年的运营人员都认为新媒体就是微信或微博，随着时代发展的多样化，新媒体不断产生，如快手、今日头条等都属于新媒体。

媒体是指用来传递信息与获取信息的工具、渠道、载体、中介物或技术手段等媒介。传统媒体有我们常见的报纸、杂志、电视、广播等，这些媒介主要是通过传统的手段向用户传递信息。传统媒体有严格的内容筛选及人员管理，而新媒体主张人人都是自媒体。新媒体从早期的脸书（Facebook）到微信，再到如今的抖音、快手、西瓜视频、小红书、哔哩哔哩，这些媒介主要是通过互联网定制化的手段向用户传递信息，给用户提供想看的，减少用户不想看的。

（一）新媒体的定义

广义来说，新媒体也是一个宽泛的概念，利用数字技术、网络技术，通过互联网、宽带局域网、无线通信网、卫星等渠道，以及电脑、手机、数字电视机等终端，向用户提供信息和娱乐服务的传播形态。狭义来讲，新媒体就是指互联网上所有向用户提供内容的产品或服务，主要利用分析用户行为、定制用户内容进行对应的推送等手段，如现在的今日头条、抖音等。

从媒体的角度考虑新媒体的意义，新媒体只是媒体的一种形态，是一种可以快速、有效、低成本接触用户的方法，有别于传统媒体。目前市场上为了留住用户，多数都是以精密算法分析用户行为，按照用户经常浏览的相关内容、时间、栏目进行精准推送。因此，从媒体的原始构成角度来想，所有的媒体都只是一种媒介，如图 7-10 所示。具体能否留住用户，在于内容传播的有效性（有效性指是否可以帮助用户获取到相关知识或满足用户某些需求）。

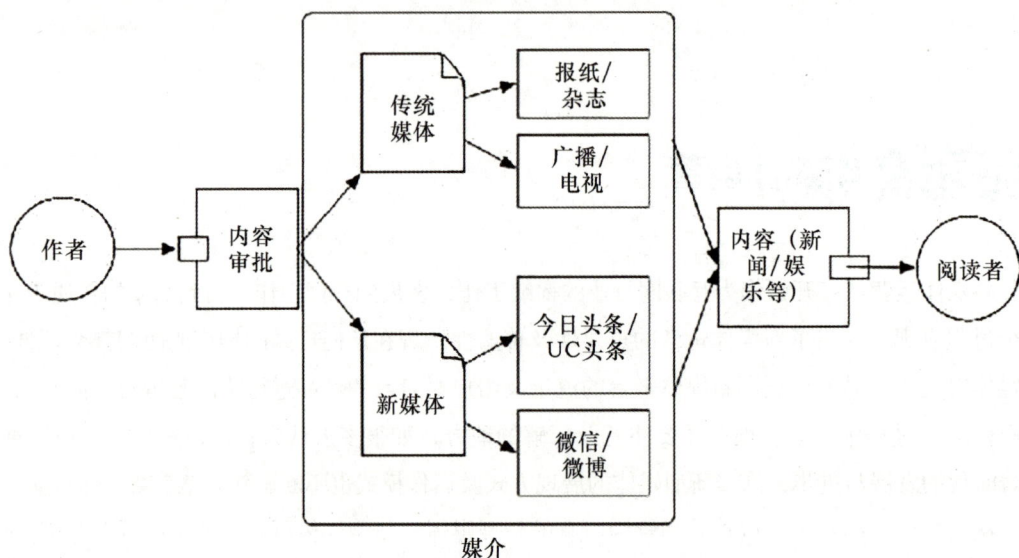

图 7-10　媒体构成图

所有的内容输出都是通过媒介向阅读者进行传递的，在抵达用户之前进行分类或喜好处理，最终才能传递给阅读者。这是整个媒体的构成过程，同样也是内容在媒体内传递的过程。传统媒体与新媒体的不同，见表 7-1。

表 7-1　传统媒体与新媒体的不同

项目	传统媒体	新媒体
传播方式	以电视、纸媒与数字媒体为传播方式	用数字技术、网络技术，通过互联网、宽带局域网、无线通信网、卫星等媒介进行传播
覆盖人群	覆盖人群较广，但并不精准	精准覆盖，精确算法推送
获取成本	有成本	无成本

续表

项目	传统媒体	新媒体
传播速度	时效性较低	时效性极高
传播成本	需要人员、场地、媒介费用等	人员及工作场地费用、服务费用

新媒体运营主要是指对新型媒体进行运营和管理，如微信公众号的运营者或管理者、今日头条的作者、短视频平台的管理者等都属于新媒体运营人员，但企业所要求的新媒体运营，多数是对多个新媒体渠道同时运营，至少会同时运营两个新媒体。新媒体运营是三大运营的综合体，包括对图文和短视频内容的运营、渠道的运营、用户的运营，具体体现在撰写图文，发布短视频或调整自动回复、菜单等（内容）、与其他公众号或网红的合作等（渠道）、对用户进行维护及分析（用户）。所以新媒体运营是综合运营，新媒体运营人员需要是集多种运营技能于一身的复合型人才。

（二）新媒体的类型

新媒体多种多样，根据不同的用处与不同的特征分为不同的类型，不同类型的新媒体会有不同的运营方式，需要根据产品受众群体及定位，选择新媒体渠道进行运营。根据不同的企业及产品，会有不同的新媒体使用目的，运营人员需要考虑，究竟运营新媒体平台的目的是宣传产品，还是以新媒体为媒介发布相关内容等。

那么新媒体有哪些类型呢？其实可以把新媒体根据内容分为以下四类。

1. 图文类

图文类新媒体主要是以图片、文字内容的方式向阅读者展现，而整个新媒体产品内所有的内容都是基于图片、文字的内容，所以此类新媒体主要运营的也是图片、文字的内容。代表产品有早期的简书与知乎等。

2. 音频类

音频类新媒体主要是以声音的形式向收听者呈现，整个新媒体产品内以语音为主要内容，此类新媒体多数是以满足收听者的需求的方式进行运营。代表产品有喜马拉雅、分答等。

3. 视频类

视频类新媒体比较常见，主要以视频的形式向观看者展现。代表产品有快手及各大直播平台。

4. 综合类

综合类新媒体比较流行，是各类新媒体逐渐追求的目标，综合类新媒体集合了文字、图片、视频、声音等多种呈现方式，此类的主要代表产品有微信、今日头条、一点资讯等。这些新媒体都有自己的特色产品和特色之处，运营人员可以根据各类新媒体的不同特点及新媒体渠道面对的不同群体进行相应选择。

新媒体有多种类型，可以根据内容或方向不同，对应地定位分类，将这些新媒体渠道分类后，可以方便运营人员随时使用。

新媒体渠道数不胜数，目前主流的新媒体渠道依旧是大家常接触的。了解新媒体的特征及内容是新媒体运营的前提条件及运营必备。

常见的新媒体有很多，例如今日头条、微信公众号、快手、抖音、喜马拉雅，部分常见的新媒体产品的介绍、用户群体等特征，见表 7-2。

表 7-2　部分新媒体特征

细腻媒体产品	内容呈现形式	产品介绍	产品特征	用户群体
今日头条	综合类	基于数据分析及挖掘为用户提供个性化的信息	将各类信息进行整合并且对用户进行精准推送，大大提高了用户的阅读性	群体覆盖较全面，类群体都有
微信公众号	综合类	基于微信平台开发的服务与内容的提供	每一个公众号都是自媒体，并且官方不会进行任何推广或宣传，一切都是由机构或靠运营者解决用户阅读的问题，主要依靠口碑或自然传指	用户群体主要依靠内容的不同而吸引不同的群体，公号本身有各种各样的用户
快手，抖音等短视频平台	视频或直播	用户通过短视频或直播的方式对其他用户提供内容	合理针对每一个录制的视频进行推广和宣传，并且会随机根据点击或用户喜爱程度进行推送	群体不限
喜马拉雅	音频类	基于平台流量为用户产生有提高价值或满足需求的音频内容	比较适合一心二用，根据产品不同的内容进行不同的推荐	大学生、白领等群体

运营人员要对不断产生的新媒体进行积极的了解与分类，不要束缚自己的思维，每个人对新媒体的定义及类型都有不同的见解，根据自己可以接受的方式去对新媒体进行分类和学习，只有这样才可以深入了解新媒体。但站在运营人员的角度，一切媒体或渠道都是需要运营的，下面着重介绍微信公众号和抖音的运营。

二、微信公众号运营

许多运营人员第一个任务都是运营好一个微信公众号，且不论是服务号还是订阅号，往往企业制定的任务指标不是阅读量就是关注量，那么这些数据对于一个公众号真的有用吗？在运营公众号时具体有哪些可以使用的技巧？具体如何运营呢？

对于以上问题，让我们首先以"5W3H"（八何分析法）方式对公众号进行分析，并明确运营目标。

- Who：由谁来运营？用户群体是谁？
- What：运营的公众号类型及公众号信息是什么？

- Why：为什么要运营公众号？
- Where：针对公众号什么地方运营，是针对内容还是整体运营？
- When：什么时候发布内容？什么时候开展运营？
- How：怎么运营公众号？
- How much：需要多少资金？需要多少资源？需要多少时间？
- How feel：公众号带给用户的调性是什么？

使用"5W3H"明确运营公众号的相关信息，可以方便、快速地找出问题所在及解决办法。首先通过"5W3H"的方法对公众号的运营目标进行明确，之后根据公众号运营顺序进行运营。公众号运营顺序主要是指对公众号进行优化及运营的顺序，见表7-3。

表7-3　公众号运营优化顺序表

优化顺序	优化项目	优化具体内容
1	公众号类型、调性及定位	选择公众号类型，根据产品及企业定位对公众号整体内容及运营目的进行定位
2	公众号名称	根据公众号定位对公众号名称进行撰写，公众号名称尽量要短
3	公众号头像	根据公众号定位及产品对头像进行设计及确定
4	公众号简介（电话、客服等）	根据公众号定位及产品对公众号简介进行描述，尽量控制在15个字以内
5	关注自动回复	根据公众号调性针对回复进行描述及修改，优化时尽量以描述引导用户在公众号活跃
6	公众号菜单	根据公众号调性及定位对公众号菜单进行设计，并根据公众号目标设计公众号菜单
7	公众号内容调性	根据公众号整体定位及调性对内容进行调性优化及内容输出管理
8	内容图片优化	所有的公众号内的图片都需要风格一致化

根据表7-3对公众号进行优化后，整个公众号定位及调性有了一定的目的及一致性，吸引的用户会较精准。针对公众号优化比较简单，无论是对于新建公众号还是已建公众号，它都只是第一步。公众号运营分为以下三个阶段。

（一）创建优化阶段

创建优化阶段，是针对公众号创建或接手所需要优化的内容，而当创建优化完毕后，很多企业或个人都开始为自己的用户量着急，其实这是错误的。把一个公众号看成一个产品，那么当产品还没有内容的时候就开始推广，只会让自己的产品快速走向"死亡"。所以一个公众号建立完毕后，要快速针对公众号内容进行优化及调整，一般公众号运营都是根据用户喜爱方向或风格来修正自己的内容调性，但本质的调性并不会产生变化。

（二）内容优化阶段

内容优化阶段是围绕公众号内所有的内容及图片进行运营，主要针对公众号文章进行运营。一般公众号第一篇文章都是由自己的朋友圈或相关圈子进行宣传，由此慢慢产生更多的关注量及阅读量，而文章内容的好或坏体现在用户分享、阅读、互动情况，所以每一次发布的内容都是帮助修整下一次发布内容的关键及指导。

（三）运营优化阶段

运营针对内容进行优化不只是优化内容的排版及图片，更需要优化内容呈现的方式、逻辑、论点是否明确、是否满足及符合公众号定位的内容。所以运营优化内容需要从以下几个方面入手。

1. 内容排版

优化内容排版主要是根据公众号的定位进行相关的优化。不同的内容排版给阅读者的感觉是不同的，像红色为主的排版会有一些压抑，绿色则有一些放松，如果排版选色较浅，并且数字或颜色标识出不同的内容，边距设定也小，可大大减少阅读者的压迫感。

2. 内容图片

优化内容图片主要是根据文章内容，使图片与公众号定位匹配，例如，文章的图片可以插画的形式与相关的内容进行匹配，更有带入感。

3. 内容风格

内容风格其实就是作者创作的风格，有人严谨、有人娱乐、有人幽默、有人放松，融入内容当中就形成了作者自己的内容风格。而内容风格一时是变不了的，但是可以通过每一篇文章发布后阅读者的反馈，不断修整自己的风格。

4. 内容逻辑

内容逻辑是指运营人员在撰写内容时的逻辑性，类似于书中目录的逻辑顺序。有一些公众号运营人员撰写文章时喜欢采用先有论点后辩论，再总结论点的方式。每个人的内容逻辑不相同，只需要清楚表达出所想的内容即可。

5. 内容价值

内容价值是很大的一个话题，它并不是由作者自己来评判的，而是由阅读者评判，也就是根据公众号定位的内容阅读者的感觉，评判此内容价值。运营人员可通过了解用户所想及关注用户想获取的内容进行内容产出，并且在产出过程中根据用户不同的反应和建议来提高内容价值。运营优化主要是针对菜单、自动回复、简介、头像、评论回复、活动、社群等方面进行对应的设计及运营。

三、抖音运营

当前国内短视频平台很多，例如，传统短视频平台爱奇艺、优酷，以及近几年新兴的短视频平台抖音、哔哩哔哩、快手、西瓜视频等。数据显示，当前抖音市场占有率最高，所以我们选择抖音作为短视频运营的代表平台。

短视频平台
市场状况

抖音是由字节跳动孵化的一款音乐创意短视频社交软件。该软件于 2016 年 9 月 20 日上线，是一个面向全年龄的短视频社区平台。可以通过短视频分享生活，也可以通过直播与粉丝交流。目前以抖音为代表的短视频平台已经发展成为集短视频发布与直播在内的新媒体模式。

现在的用户逐渐接受了视频化的表达方式，企业品牌在内容营销上的表达方式也会倾向于视频化。在这样的媒体平台上，企业可以增加与用户的沟通，同时传递企业品牌的趣味性和实用性。帮助企业获得更多曝光，从而提升自身品牌的识别度。

（一）抖音的作用

1. 帮助企业增加流量

对于大众用户，抖音就是一款日常的娱乐工具。而对于企业来说，它是企业获客的最新利器。有流量、有客户才会有收益，而现在想要利用微博和微信渠道来获得新客户已经较困难了。但是在抖音里出现了新的流量洼地，只要你的内容精彩，能够吸引人，在抖音的推荐机制下就很容易爆发。

2. 帮助企业提升品牌识别度

在其他媒体平台上进行营销的难度越来越大，成本越来越高。但是在抖音里，企业可以实现几乎零成本传播，这对中小企业来说是一次非常好的机会。

对个人来讲，通过抖音可以了解感兴趣的资讯；增加个人购物渠道；上传个人影片，与网友分享自己的日常生活；利用抖音自媒体创业。

（二）抖音的运营

抖音平台作为近年来迅速崛起的短视频平台，其拥有着巨大的流量池，据巨量算数统计，2020 年的抖音日活跃已经达到了 6 亿用户。俗话说，有流量的地方就有商机，抖音的变现方式目前有很多：广告、礼物、带货等。

1. 抖音注册号内容定位

抖音账号的注册比较简单，在此不再赘述，下面着重讲解抖音号的内容定位。抖音号的内容定位就是你注册后要更新的方向，固定的更新方向可以让粉丝更加垂直，更新过程中，切记什么视频都发，这样会使得你的账号很乱、粉丝很杂。垂直的粉丝会使内容有更好的效果，利于后期更好地变现。目前的内容分类见表 7-4。

表 7-4 抖音内容标签分类

颜值	才艺	兴趣	教学	名人	社会新闻
小姐姐	技术流	健身	办公软件	演员	社会热点
小哥哥	舞蹈	动漫，二次元	PS	歌手	感人原因
画蛙	手工	美食	拍摄剪辑	企业认证	
萌宠	书法	美妆	母婴	政府认证	
老外	画画	情感	亲子	导演	
	唱歌	摄影	英语	主持人	
	特效	影视	交通		
	声优	游戏	数学		
	音乐，器乐	旅行	音乐		
	魔术	街拍	编程		
	搞笑，戏精	体育	其他商业		
		古风			

为什么要强调定位，因为抖音上面粉丝巨大的大号都有各自的特色，都有清晰的内容定位。例如，"某哥说车"是讲解车的，"惠某"是靠颜值的，"郭某"就是唱歌的。每个人的定位都很清晰，粉丝也很集中，如图 7-11 所示。

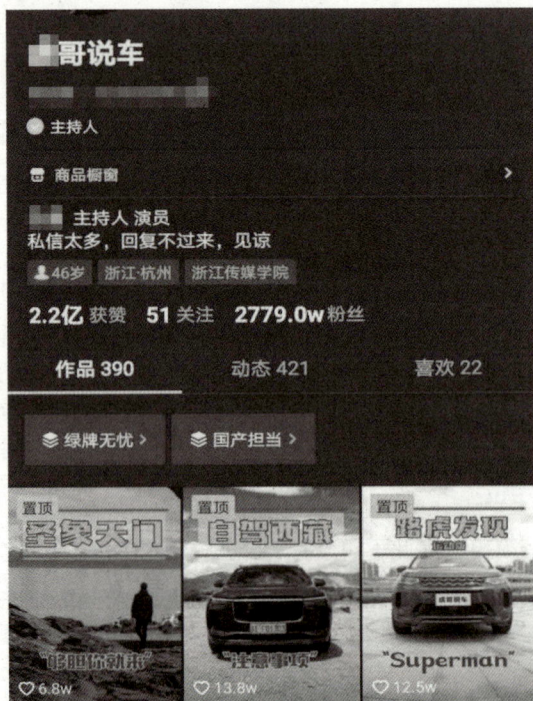

图 7-11 某哥说车

2. 抖音的基本运营技巧

抖音内容是以短视频形式上传的，一个合格的短视频的基本要求：画质清晰、格式正确（宽 1080px，高 1920px）。

（1）做好视频标题。标题主要包括文案加话题，其核心作用有两个：

第一，给平台看，为了获得平台更多精准推荐，获得更多的曝光。

第二，给用户看，为了让看到的用户为我们的视频停留、点赞、评论、转发等。

抖音是人工智能审核加人工审核。所以标题首先是要给机器看的，主要就是在视频标题当中插入一些核心的关键词和话题，好让抖音机器给我们的作品打上标签，推荐给更多精准的人群。

例如，女性+穿搭，那么系统就会优先推荐给女性，就不会随机推荐了，会使视频人群更加精准。也可以让用户很好地了解你的视频主题，更好地让用户停留。

（2）从视频时长下手。抖音视频推荐有自己的一套算法，运营人员需要参考这些维度来提高推荐，如完播率、点赞数、评论数、关注数、转发数，其中完播率至关重要。这里建议大家将视频时长控制在 10 秒以内，建议 7 秒，方便用户快速看完视频，从而提高商品完播率。

（3）投 DOU+ 测试视频。DOU+ 是抖音官方推出的抖音内容加热和营销推广产品，直播或短视频都可以投放 DOU+。如果想让自己的优质内容上热门，得到更多的关注和点赞、评论，或者想提升自己直播间的人气和热度，都可以投放 DOU+。按照自己的需求设置投放金额和"期望提升"就可以了，如图 7-12 所示。

抖音短视频
推荐算法

图 7-12　DOU+

也可以用投 DOU+ 来测试抖音视频是否正常推荐，如果你点击投 DOU+，它提示此视频不适合上热门，这个视频就是有问题的；如果能够正常上热门，那说明视频是正常的。不投 DOU+ 也会被证词推荐，只是没有投 DOU+ 的展现量高而已。

3. 抖音的变现方式

抖音的变现方式有很多，这里讲解五种常见的变现方式。

（1）商业广告。抖音官方出了一个星图，就是用来接商业广告的，商家会在上面发布广告任务，你可以自行接取任务，门槛是需要有十万的粉丝，还有就是商家主动联系了。不过一般得有上百万的粉丝才能接这个广告。如代古拉K，接一条广告就是近50万。

（2）商品橱窗。通过抖音实名认证之后，发布大于10个作品，多余1 000个粉丝就可以开通商品橱窗，如图7-13所示。

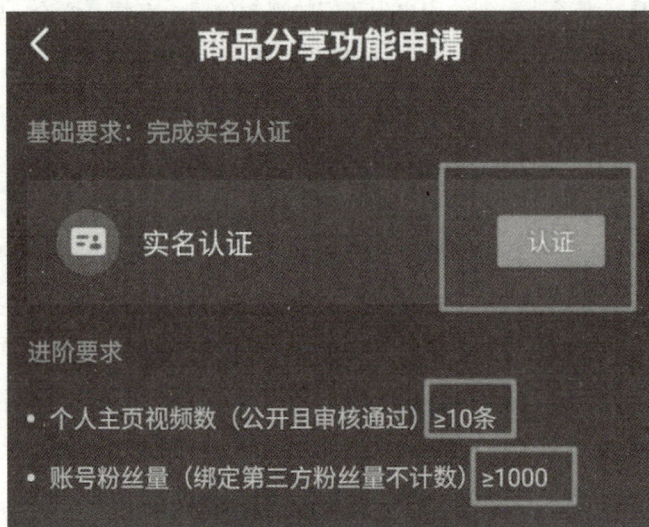

图7-13　商品橱窗进阶要求

然后就可以在橱窗上架产品卖货了，这也是抖音最普遍的快捷赚钱方式，当你发布优质的作品后，可以挂上相应的商品（不需要自己有商品，抖音上就有商品，也可以添加淘宝联盟的商品），视频火了之后就能带来不错的佣金。

（3）外部引流。简介栏添加个人联系方式或网店地址，或者视频中揉进推广企业产品的画面介绍，是很多微商或淘宝店、线下实体店及品牌推广商常用的引流方式。

（4）知识付费。这个需要很强的专业性，在某个领域很专业，就可以开拓课程、传授知识，进行知识付费，如剪辑教程、拍摄教程、Excel表格教程等。

（5）直播变现。直播变现分为两种形式，一种就是直播靠粉丝刷礼物赚钱，要求直播口才好，或者有才艺。另一种就是直播带货，如带货网红们往往依靠自己强大的带货能力销售海量产品。

📖 案例延伸

从直播带货看网红营销成功的关键因素

互联网时代造就了层出不穷的网红，也让网红经济成了一种重要的社会现象，它蕴藏的营销势能，甚至远远超过了我们的预期。

除了头部网红之外，遍布在互联网各个角落的网红们都在某个领域有着自己的话语权。这群人的营销势能也不容小觑，他们的选择影响着粉丝们的选择，他们的推荐成就了一个个的爆款。网红营销有如此强大的影响力，网红营销产生效用的原因有哪些呢？

一、注意力分散的时代，更应打破交往屏障

不少传统品牌在抱怨营销逐渐失效的时候，都会将原因归结于一个客观因素——消费者注意力的分散。虽说这点确实影响了很多广告的效果，但却不是阻碍信息传播的根本。毕竟，在传统的广告理论中，品牌广告需要一个月内触达6次或者更多次才能改变消费者的心智。即便手握每年过亿的广告预算，也未必能在传统渠道下达到这样的覆盖效果。

每个社交网站上都会诞生网红，每个社交网站都是传播渠道，与其将眼光停留在传统渠道的传播上，不如多看看APP商店排行榜，人群涌入哪里，注意力就集中在哪里。

二、全品类爆发下的"种草"心理学

在网红营销这种特殊的营销方式下，消费者产生购买欲望和完成购买决策也有专属自己的名字，叫做"种草"与"拔草"。"种草"是当下很流行的一个网络用语，多指"宣传某种商品的优异品质以诱人购买"，消费者产生心痒痒的购买欲之后，就忍不住去买买买，把这根撩人心的草拔掉。

即便你是一个非常理智的消费者，也一定逃不过被人"种草"的经历，当选择多到无法直观判断时，别人的建议就成了影响决策的主要因素。像是有人推荐某家餐厅好吃，某个牌子的日用品质量好，你一定忍不住尝试尝试……

三、深耕小众圈层，不讨好所有用户

很多传统品牌的营销活动中，打破用户圈层成了评判案例的标准，从这点来看，网红营销是在走一条完全相反的路。毕竟，很少有品牌敢打包票说，自己的产品在某个圈层中已经完全饱和，必须通过击破圈层来寻求增量，更多品牌是希望在别的圈层中寻找增量。

在众多品牌的围剿之下，某个特定圈层的消费者真的不够用了吗？其实未必，很多时候我们只盯着主流消费者和他们的需求，却忽视了看似分散，其实总量相当庞大的小众圈子。想要讨好这部分消费者，就不要想着能兼顾所有人群，也不要想着通过"通用"的传播方式把他们一网打尽。

尤其是对于在主流市场上竞争没有那么强的品牌来说，从小众人群入手，成功的概率会大很多。毕竟在这些地方大品牌没有太多的着力点，竞争力也相对较弱。而传播效果最明显的体现，就是爆款、网红用品排行榜上，会出现一些我们很陌生，但是口碑很好的产品。

和任何一种新兴的营销方式一样，它的风靡既满足了消费者心理动机，也是特定社会关系的体现，更顺应了当下消费者喜欢的流行文化。

（资料来源：茂鸿网络，2020.03.26）

项目检测

一、单项选择题

1. 下列不是网络社群的是（   ）。

    A. 一起流量一系列网页的上网者　　　B. QQ群

    C. 豆瓣小组　　　　　　　　　　　　D. 直播间

2. 社群核心用户的特征不包括（   ）。

    A. 主动维护及管理内容　　　　　　　B. 上线发言时间内容自愿，不受约束

    C. 引导、活跃用户交流　　　　　　　D. 对社群有重大贡献

3. ISOOC模型的五个中心要素分别是同好、结构、输出、运营和（   ）。

    A. 宣传　　　　　　　　　　　　　　B. 广告

    C. 传播　　　　　　　　　　　　　　D. 复制

4. 以下（   ）不是新媒体。

    A. 抖音　　　　　　　　　　　　　　B. B站

    C. 今日头条　　　　　　　　　　　　D. 网络报纸

5. 抖音的变现方式不包括（   ）。

    A. 商业广告　　　　　　　　　　　　B. 商品橱窗

    C. 知识付费　　　　　　　　　　　　D. 金融变现

二、判断题

1. 社群是指所有在某个区域或形式上所产生一定关系的群体，并且社群并不仅是一个群，而是一个可以满足各个需求并产生社会关系的群。（   ）

2. 社群是有分类的，交流的内容不会相互交叉。（   ）

3. 对于运营人员来说，让用户产生依赖感主要是以社群引导为核心。（   ）

4. 微信公众号运营中，运营价值并不是由作者自己来评判的，而是由阅读者来评判。（   ）

5. 直播带货是抖音直播变现的唯一方式。（   ）

三、简答题

1. 如何进行社群运营操作？

2. 抖音的基本运营技巧有哪些？

四、趣味挑战

选择一个视频新媒体平台，如抖音、西瓜视频、哔哩哔哩等中的一家，连续发布你感兴趣的原创作品，观察你的流量和收益是如何产生和构成的？

扫码看答案

实训拓展

1. 实训名称

选某商品直播带货。

2. 实训目标

（1）学会直播，并设计有趣的内容吸引粉丝。

（2）掌握直播活动的流程。

3. 实训要求

（1）熟悉直播需要的条件。

（2）了解直播需要的基本素质。

（3）直播平台可自己选定。

4. 实训仪器

U盘、投影设备、局域网、计算机、互联网、交换机、网线。

5. 实训内容与步骤要求

（1）直播选品。

（2）定促销策略。

（3）直播中商品陈列、样品展示、库存控制、发货管理。

（4）直播复盘，统计直播总观看人数、直播总实付订单量、直播总实付订单金额、毛利率、净利率、退货、退款率。对比商品直播前、中、后的实付订单量、商品直播前、中、后的实付订单金额。

6. 考核标准或评价

（1）实训后，学生将实训结果等内容写成实训报告。

（2）指导教师对每份实训报告进行审阅、评分。

（3）该实训课程是对理论教学内容的应用与验证，实训课的成绩记入课程平时成绩，占总成绩的20%。

项目八

跨境进出口店铺运营

知识目标

1. 掌握跨境电商的基本概念。
2. 了解跨境电商的特点和分类。
3. 了解跨境电商的运营机制。

能力目标

1. 能区分不同跨境电商平台的类型。
2. 能运用平台活动、直通车、店铺活动等手段推广跨境电商店铺。

思政目标

1. 培养诚信负责的精神。
2. 培养在跨境电商中遵守法律法规、爱国敬业的素质。

思维导图

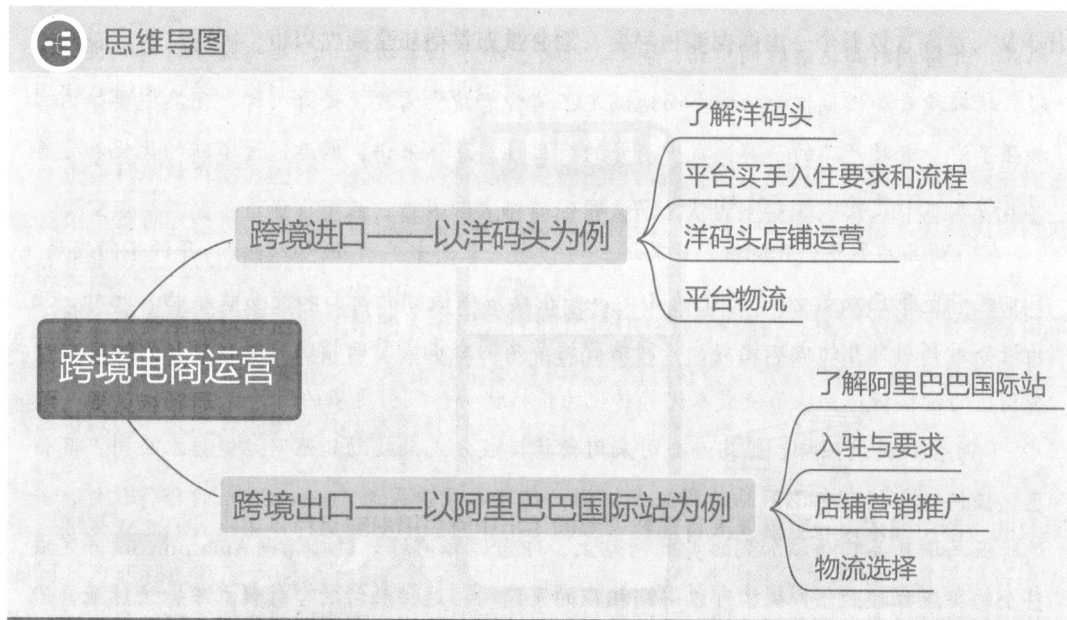

案例导入

亚马逊

Amazon属于历史较为悠久的跨境电子商务网站，其在线上销售额位居美国零售商线上销售TOP10首位，其在线上销售的各方面都具有较强的优势和特色。此处我们主要就亚马逊进行典型的案例分析。

1. 亚马逊简介

亚马逊公司创立于1995年，是美国最大的一家网络跨境电子商务公司，总部位于美国华盛顿州的西雅图。它目前已成为全球商品品种最多的网上零售商和全球第二大互联网公司。2004年8月，亚马逊全资收购卓越网，将亚马逊全球领先的网上零售专长与卓越网深厚的中国市场经验相结合，进一步提升客户体验，并促进中国电子商务的成长。至今卓越亚马逊已经成为中国网上零售的领先者。

2. 亚马逊的经营业绩

根据亚马逊财报统计数据，2010年亚马逊营业收入达342.0亿美元，较2009年的245.1亿美元增长39.5%。纵观亚马逊连续10年营业收入数据，从2000年只有27.6亿美元的营业收入到2020年现有的3 860.6亿美元的营收规模，亚马逊每年营收增长率平均在25%以上。可以看出，亚马逊的发展态势良好，并且未来将会更加乐观。

3. 亚马逊电子商务成功因素

（1）网站功能丰富。顾客通过亚马逊的在线平台，可以方便地实现以下功能：利用分类查询系统快速查询商品信息，对图书类产品可以阅读概要；浏览其他顾客的评价；预订商品，并得到新品送达时间承诺；等等。此外，除了基本功能外，亚马逊公司网站设计美观，精确搜索和模糊搜索功能全面地满足了消费者搜索需要，读者书评、商品概要等内容加强了消费者对产品的了解，减少消费的盲目性。总体来讲，网站通过不断的优化和完善现有功能使消费者获得了较好的购物体验。

（2）商品品类齐全且低价。亚马逊公司初期主营图书类商品，经过十几年的不断发展，目前经营范围已涵盖 20 个以上的品类，并在众多领域翻新商品和交易收集品。此外，亚马逊公司利用自身的成本优势，将网络营运节省的成本大量回馈给顾客，提供大大低于传统商店的价格折扣，从而使成本优势转化为价格优势，吸引更多的消费者。

（3）合作模式独特。亚马逊公司采用销售提成方式来鼓励其他网站链接本公司产品信息，任何一个拥有自己网站的商业或机构，都可以注册成为 Amazon.com 的合作伙伴，并选择亚马逊商品广告添加到自身的网站上，即当顾客通过此链接指向 Amazon.com 并完成整个购买流程时，合作机构可以得到相应的手续费。这种独特的合作模式下，虽然亚马逊的收入被合作机构分享，但其本质为亚马逊节省了大量的营销费用，同时扩展了亚马逊的宣传范围，取得了良好的效果。

（4）配送体系完善。以美国市场为例，一方面，亚马逊充分利用美国高效率的邮政体系；另一方面，公司自建容量巨大的仓库，只要订货单到位，就可以将书打包并发送到顾客手中。此外，亚马逊还要求发行人按最快的交易方式送书，从而有利于控制存书和仓库租赁成本。按照公司创始人贝索斯的说法，亚马逊充当的是"信息经纪商"的角色，即在发行商和消费者之间建立顺畅的联系。

（5）科学管理顾客。亚马逊公司利用网络互动了解顾客意见，从而提供基于消费者需求的服务。同时，公司通过顾客关系管理系统（Customer Relationship Management，CRM）来管理顾客，详细分析顾客的基本资料和历史交易记录，从中推断出不同顾客的消费习惯和消费心理，以及顾客忠诚度和潜在价值，对重点顾客进行差异化的重点营销，最终向顾客提供一对一的服务。这样有利于提高重点顾客的购买频率，增加购买数量。

跨境电子商务是指分属不同关境的交易主体，通过电子商务平台达成交易、进行支付结算，并通过跨境物流送达商品、完成交易的一种国际商业活动。通俗点讲，就是跨国之间的交易。

跨境电商可以从不同的角度进行分类，比较普遍的是按进出口方向划分，可以分为进口跨境电商和出口跨境电商两类。

（1）进口跨境电商是海外卖家将商品直销给国内的买家，一般是国内消费者访问境外商家的购物网站选择商品，然后下单，由境外卖家发国际物流给国内消费者。

（2）出口跨境电商是国内卖家将商品直销给境外的买家，一般是国外买家访问国内商家的网站，然后下单购买，并完成支付，由国内的商家发国际物流至国外买家。

除了按进出口方向划分跨境电商外，还有其他的划分方式，从交易模式上划分，跨境电商可分为B2B跨境电商和B2C跨境电商。从平台的经营范围上划分，可以分为垂直型跨境电商和综合型跨境电商，垂直型跨境电商是在某一个行业或细分市场深化运营的跨境电商模式，通常网站旗下商品都是同一类型的产品，如蜜芽主要经营母婴类商品，格格家主要做进口食品。综合型的跨境电商则可以看成是很多垂直电商的集合，覆盖的商品范围更加广泛，如阿里巴巴国际站、亚马逊、洋码头、京东全球购等。

那么，你认为跨境进出口店铺有哪些运营策略？

（资料来源：百度文库，2020.09.16）

任务一　跨境进口——以洋码头为例

一、了解洋码头

洋码头成立于2009年，是中国海外购物平台，满足了中国消费者不出国门就能购买到全球商品的需求。洋码头移动端APP内拥有首创的"扫货直播"频道；而另一特色频道"聚洋货"，则汇集全球各地知名品牌供应商，提供团购项目，认证商家一站式购物，保证海外商品现货库存，全球物流护航直邮。

洋码头是目前中国知名的独立海外购物平台，拥有近4 800万用户，6万买手，来自80多个国家。洋码头极具创新性意义地创立海外场景式购物模式，通过买手直播真实的购物场景，让中国消费者足不出户，轻松、便捷地享受一站式全球"血拼"，实现引领中国消费全球化。2020年8月，洋码头以70亿元位列《苏州高新区·2020胡润全球独角兽榜》第351位。

二、平台买手入住要求和流程

（一）入驻要求

买手是码头对入驻卖家的称呼，作为知名的全球购物平台，散落在全球六大洲的几十万买手为码头提供了丰富的商品、资讯和服务。

洋码头买手分为三种：海外个人买手、海外企业买手和国内贸易商。

海外个人买手需在海外有合法居住证明和身份信息；企业买手则需在海外有注册公司，被授权人也需在海外有合法的居住证明和身份信息；国内贸易商则需要是在国内已注册且正在经营的公司。入驻码头的买手按不同类型需缴纳不同额度的保证金。买手入驻资质要求见表 8-1。

表 8-1　买手入住洋码头资质要求

资质类别	买手入驻资质要求		
	海外个人	海外企业	国内贸易
基础资质	1. 个人近照 2. 海外身份证明（身份证、当地驾照、港澳通行证、签证页等） 3. 海外居住证明（3个月内当地水电煤气费账单）	1. 企业营业执照 2. 法人身份证正反面（签字或盖章） 3. 公司银行流水对账单，申请人非法人需提供以下资料： 3.1 申请人手持海外身份证明的个人近照 3.2 申请人海外身份证明 3.3 申请人海外居住证明	1. 企业营业执照 2. 法人身份证正反面（签字或盖章） 3. 银行开户行许可证 4. 申请人手持身份证个人近照（非法人需提供）
贸易资质	1. 3个月内的采购凭证，如采购小票 2. 3个月内的销售凭证，如淘宝、微信等售卖记录，物流单等 3. 现场购买视频（时间不少于60秒） 4. 其他补充资料	1. 品牌授权 2. 批销采购合同（Vendor进口批发商）链路证明 3. 销售渠道 3.1 B2B 渠道销售合同，回款水单等 3.2 B2C 店铺截图，实名认证截图，店铺订单截图，物流单等 4. 其他资质	1. 直接进口（以下条件任选其一） 1.1 入驻企业的进出口经营证 1.2 半年内进口报关单 2. 非直接进口（以下条件任选其一） 2.1 采购合同、上游供应商的进口报关单（品牌不限） 2.2 品牌代加工生成合同 2.3 国际品牌或海外企业的服务合同 2.4 国际品牌或海外企业的代运营服务 2.5 其他可证明与国际贸易商、国际品牌商展开经营合作的凭证
稳定性资质	1. 在当地是否有工作（以下条件任远其一） 1.1 有工作（兼职代购）：薪资收入凭证，劳动合同，个人所得脱 1.2 无工作：银行近半年流水，海外当地银行信用卡最近半年消费记录流水 2. 周边特色建筑物室外视频拍摄，需要本人出镜，视频长度不少于60秒	1. 企业介绍：公司信息、员工规模，经营商品等 2. 规模（可选其一）：公司社保缴纳证明或缴纳人数证明、劳动合同、政府缴税记录 3. 仓库或办公室的租赁合同	1. 企业基本情况介绍（可选）：公司介绍、办公室/仓库管理照片、财务报表 2. 规模（以下条件任选其一） 2.1 收入规模：6个月内的银行流水，随机提供1~3个月（与企业开户一致） 2.2 员工规模：社保缴纳证明 3. 仓库或办公室（以下条件任选其一） 3.1 仓库或办公室租赁合同 3.2 房产证明

资质类别	买手入驻资质要求		
	海外个人	海外企业	国内贸易
类目资质			食品&酒水:《食品流通许可证》或《食品经营许可证》 营养保健 1.《食品流通许可证》或《食品经营许可证》: 明确销售范围 2.《保健食品批售证书》及其附件(产品说明书): 即健字批件,针对所有单品
保证金	5 000 元	10 000 元	10 000 元

注: 以上资料为基本入驻资质, 在审核过程中若需要补充资料, 需按要求提供。

(二)入住流程

国内贸易商目前只支持洋码头主动招商入驻。海外个人与海外企业买手可以自行在 PC 端官网或 APP 注册账号, 两端入驻流程基本相同, 下面以手机 APP 入驻为例讲解。

1. 海外买手入驻操作流程

第一步: 账户基础信息填写&注册国手机验证; 下载"洋码头卖家版"; 选择注册国后, 填写注册国所在手机号, 再提供邮箱、码头 ID(用户名)、微信, 最后设置密码即可, 如图 8-1 所示。

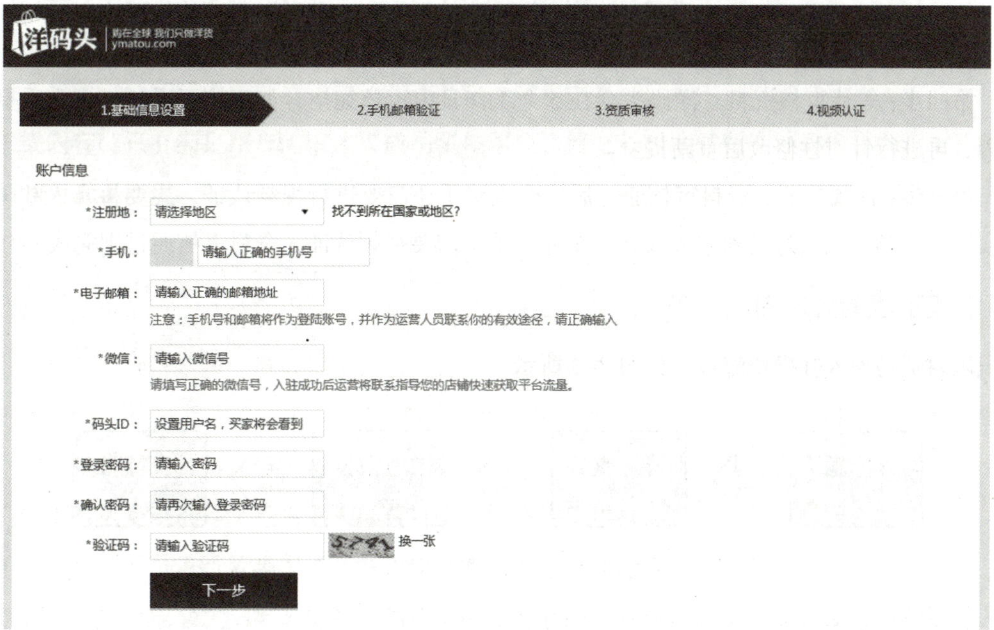

图 8-1　账户信息

第二步：验证手机和邮箱。此步骤需保证海外手机和邮箱真实有效，后续能作为有效的找回密码、验证身份的手段。

第三步：选择买手类型并提供身份资质。入驻买手可以选择个人买手或海外买手。根据不同要求提供材料，如图 8-2 所示。

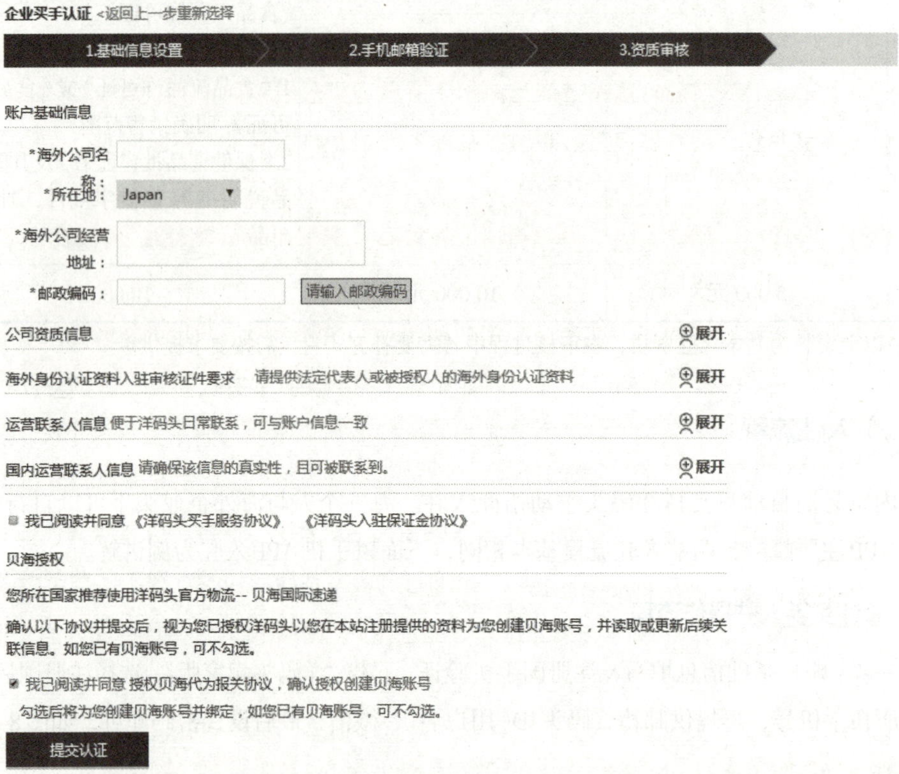

图 8-2　资料提交

第四步：等待审核资料。洋码头会在 5 个工作日内审核完毕，如审核不通过，可查看具体原因，再进行针对性修改后重新提交。

第五步：视频认证。资料审核通过后，个人买手还需要进行视频认证，主要核实入驻国的真实性，视频认证通过后则完成入驻。企业买手不需要视频认证，资料审核通过则完成入驻。

2. 国内贸易商入驻操作流程

国内贸易商入驻操作流程，如图 8-3 所示。

图 8-3　国内贸易商入职流程

买手拿到账号之后，参考"海外买手入驻操作流程"中的企业部分，验证邮箱、手机号，提交资料。洋码头会在两个工作日之内处理，操作过程中遇到问题可以随时联系招商人员。

在国内外，买手入驻审核通过之后，即可发布商品，买家端可通过搜索买手用户名查看商品。

三、洋码头店铺运营策略

洋码头买手店铺商品发布完毕，需要对店铺进行运营推广，以提高转化率增加流量、和销售额。

（一）优化在架商品

1. 积极上架新商品

定期上新，如固定每周星期一，或者每月的几天，让买家可以记住规律定期浏览，可以持续地给买家新鲜感，吸引买家关注买手店铺。新品在一段时间内会获得额外的流量支持，增加买手店铺及其他商品的曝光和流量。定期上新是一种长期经营的标志，给买家更多的信任感。上新的时候，要少而精，发布的商品标题、图片、文描要优质，可以上线后做主题活动重点推荐，一次上新的商品品类专注，互有搭配，可以带动关联销售。

2. 淘汰滞销商品

淘汰架上无点击，无销量的滞销商品，让买家用有限的时间和精力看到他们想要的商品，这样优质商品在店铺和整站的展示会更集中。也可以让平台用更多的曝光和流量为买家推荐买手更有竞争力的商品。给自己更多的时间和精力去发掘新品、维护爆款。

（二）店铺营销推广

1. 创建互动直播

已开通权限的买手，在工作台快捷操作区域，可看到"互动直播"入口；在"发布"中，也能看到独立的"发布互动直播"的操作入口。

2. 申请加入"精选买手计划"

"精选买手"是指洋码头优选出的符合洋码头推荐买手和推荐商品标准的优质买手。"精选买手"的推出，有助于买手提升认可度并获得更多流量及营销资源等平台支持，也为消费者购买商品提供了决策依据。同时服务标准的达标情况，直接影响店铺搜索排序。

3. 参与码头精准营销

店铺参与码头精准营销后，买手选择商品设置推广，买家浏览时，系统会根据买家的购物目的、喜好、以往浏览购买记录等，给买家推荐商品。在各种推荐场景下，推广商品会获得更多的展现机会和流量，实现精准营销。

4. 积极参加平台买手促销活动

洋码头的买手促销活动包括买手优惠券和满减促销两种，该活动的目的是洋码头为了更好地助力买手自主营销，以及促进买家在店中累积消费的需求和多件包邮的问题。

四、平台物流

平台支持的物流模式有直邮快件、保税进口、邮政等第三方物流服务、海外仓储＋直邮服务四种。

（一）直邮快件

直邮快件细分为两种：个人物品快件和电商快件，也就是贝海国际速递的标准件服务和特快件服务。个人物品快件适用于低值商品，享受50元免税额度，但有身份证正反面的要求，"48税改"后，随着税率和归类的调整（大部分税率在30%），免税商品的价值越来越低，基本200以下的商品还能勉强使用。有时又很不稳定，澳新买手曾因为地方口岸现场执行的调整，受到很大影响。电商快件适用于平台主推物流服务。虽没有免税额度，但大多商品的税率在11.9%，根据订单支付金额来核定价值，且又有2 000/20 000的限值要求。主要优势为速度快、操作简单、客户体验好。

（二）保税进口

提前将商品集中运输到国内保税仓库备货，降低国际运输成本。有订单，再发货，适用跨境电商综合税11.9%。由于在国内完成仓储、拣货、打包、申报、配送，所以订单作业成本较低（国内劳动力和耗材成本较低）。

（三）邮政等第三方物流服务

邮政等第三方物流服务基于万国邮联合作协议的服务，一般邮费起步比较高，服务和速度因不同国家而有差异。（日本、英国、法国都还不错，美国的USPS目前一般）其"优势"就是缴税存在抽查比例，有时没被查验到，侥幸"闯关"，如一旦被查验，核价缴税等同于个人物品快件，需要麻烦收件人操作，提供小票等。另外，各个国家还有形形色色的华人快递、速递，目前都统一划入第三方物流服务中。

（四）海外仓储＋直邮服务

提前备货到贝海的海外仓库，根据订单，由贝海仓库打包，并根据买手申报要求，完成个人物品快件或电商快件的发运。好处是订单相应速度快，当天制单，当天扫描出货。另外，集中式的打包，可以降低一部分边际成本。同时，在大促期间也能很好的优化发货速度，降低打包压力。

任务二 跨境出口——以阿里巴巴国际站为例

一、了解阿里巴巴国际站

阿里巴巴国际站成立于 1999 年，是帮助中小企业拓展国际贸易的出口营销推广服务，它基于全球领先的企业间电子商务网站阿里巴巴国际站贸易平台，通过向海外买家展示、推广供应商的企业和产品，进而获得贸易商机和订单，是出口企业拓展国际贸易的首选网络平台之一。

2020 年 9 月 25 日，阿里巴巴国际站总经理张阔在外滩大会透露近期目标：三年后，国际站货运网络将服务 100 万吨（空运）和 100 万标箱（海运）的增量交易商品。"双百万"的规模，相当于全球货运行业前三。

二、入驻要求与规则

（1）准备营业执照。目前国际站对营业执照类型并未做限制（个体户、小规模、一般纳税人均可；贸易、工厂、工贸一体均可合作）。

（2）准备法人身份证。

（3）联系客户经理上门审核，阿里国际站客户经理帮注册国际站账号，做风控审核。这时候商家可以登录后台进行基础操作了。

（4）完成签约和付款，客户经理可以根据您的企业情况给您配置合理的方案。

（5）阿里国际站有两档会员，分别是出口通 29 800 元/年和金品诚企 80 000 元/年，付费广告有问鼎、顶展、直通车、橱窗。国际站搜索排名很简单，顶展是固定排名第一的产品，以 PC 端排名为例，直通车是按点击付费的 PC 端排名第二至第六，第七开始是自然排名。

（6）做实地认证，即需要阿里巴巴的客户经理拍摄办公场地的实地照片（不展示给买家，只是确认有具体经营地址即可，不要求美观或多大规模）。

（7）完成后即可自主选择开通时间，网站就可以正式上线。

三、店铺营销推广

店铺营销包括限时限量折扣、全店铺打折、全店铺满立减、店铺优惠券等活动。通过这些活动可以达到增强店铺的人气、活跃气氛、提高客户的购买欲望、提高客单价和转化率的效果。一般在优化排名、推出新款、打造爆款或清理库存时使用。

店铺的每类活动的数量是有限的。例如，每个月限时限量只有 40 个活动，领取型和定向发放型加在一起只能发放 25 张优惠券，所以商家在月初的时候就需要仔细规划，否则就浪费了平台的资源。

1. 直通车

根据阿里流量最新的划分，平台整体场景流量占据了45%，付费流量也占45%，而自然搜索仅占10%。直通车是为阿里国际站卖家量身定制的营销推广工具，能够实现快速提升店铺流量，按点击付费。它的最大价值在于为卖家引流，很多卖家会用它来测款或打造爆款。

直通车操作最常用的是关键词推广，通过选择与自己产品相匹配的关键词加入直通车，并进行合理的出价来获取好的排名，让买家看到自己的产品获取、点击与转化。关键词推广对于直通车操作人员的分析能力要求比较高，一般建议对产品比较熟悉或有过操作经验的买家可以选择这种方式，合理利用自己的花费来提升转化。

2. 平台活动

阿里国际站会在全网定期组织多种活动，这些活动会引入大量流量，吸引消费者集中消费，为卖家带来人群和订单量。因此，报名平台活动是每个国际站卖家需要考虑的。

随着"全球批发Ready to Ship"的推出，国际站慢慢地多出了非常多的排行榜，每一个排行榜也有单独的流量入口，也就是我们经常说的榜单流量。包括我们非常熟悉的Top-ranking products，Top-ranking supplier，甚至还有在搜索结果页面的Most popular榜单等。参与国际站活动不仅能为店铺获取流量，还可以进行竞争对手分析及爆品选品的参考，建立自己的产品优势，以及完善产品。

3. 利用社交网络服务（SNS）推广

利用好SNS分享营销，能让卖家的流量不止来自Alibaba平台。通过分享旺铺页面到海外社交平台，以获取更多Alibaba网站外的流量和曝光。可以将旺铺页面一键推广至Facebook、Linkedin等多个海外平台。

四、选择物流

目前市面上可供选择的国际物流方式很多，大致可以归纳为以下几类。

（一）国际快递

国际快递包含DHL、FedEx、UPS、EMS等商业快递渠道。这类快递渠道的特点在于通邮广、时效快、安全性高、售后完善，能够快速地将货物递送到目的地。除EMS快递之外，其他快递渠道均可实现2~5天签收。而国际EMS，是邮政推出的商业快递，其主要优势在于清关不计体积重，清关能力强，货物仅按实重计算运费，适合邮寄包裹。

（二）国际专线

国际专线指的是专线类物流方式，常见的有俄罗斯专线、乌克兰专线、巴西邮政专线、美国专线、澳大利亚专线、欧洲专线、英国电池专线、日本电池专线等。专线的特点是非常明显，通常具有价格低、时效稳、运力强、清关便捷等特点。

（三）国际小包

国际小包指的是邮政小包，像E邮宝、挂号小包、平邮小包，都属于国际小包范畴。在诸多渠道中，E邮宝是最受欢迎的，主要原因是它价格低，物流时效还不错。不过E邮宝有明显的通邮限制，仅可通邮30多个国家及地区。而其他国家、地区，只能通过挂号小包、平邮小包进行邮寄。

国际小包具有资费低、限制大、通邮广、清关强的特点，适合对物流时效要求不高，需邮寄一些敏感货物的卖家使用。

（四）海外仓

海外仓是在除本国外的其他国家建立的海外仓库，卖家在销售目的地进行仓库、分拣、包装及派送的一站式控制及管理服务。海外仓的优点是速度快、退货方便，极大地提升了买家的购物体验，但是它对卖家在供应链管理、库存管理方面要求较高。

📖 案例延伸

传统外贸企业的转型之路

"这是一个最好的时代，也是一个最坏的时代。"这是前些年电商圈中的时髦话，现今传统外贸企业面对跨境电商时代的来临，用狄更斯《双城记》中的这句开头来表达同样适用。

在众多传统外贸企业转型跨境电商的进程中，有的遍体鳞伤，也有的焕发新生。而当我们以全新的眼光看这些企业，或许能从他们的转型故事中获得启迪。

本案例分析宁波天虹文具有限公司，解析其转型跨境电商的路径，是如何进行恰当风险把控为转型保驾护航。

传统外贸企业的内忧外患：订单数下滑，成本不断攀升

创立于1989年的宁波天虹文具有限公司历经30年的风霜洗礼，也见证了传统外贸行业的兴衰起伏。

"当我们从过去客户主动找上门，到现在拼命找客户的时候，就深切体会到原本粗放型的传统外贸业务已经成为鸡肋。"宁波天虹文具有限公司总经理管敏贤说道。

早在2008年金融危机爆发以来，欧美日等发达国家经济就已经呈现衰退迹象。那一年，宁波天虹就深感世界经济减速给传统外贸带来的沉重打击——需求降低。国际贸易减少，无论是发达国家，还是发展中国家，都在刺激经济，调整结构，再加上贸易保护主义的升温及互联网电商的冲击，给传统外贸带来了重大且深刻的变化。

管敏贤感叹："增长缓慢、利润下跌！受传统外贸渠道束缚的企业无论是订单数还是订货数都在逐年下滑，单位产品利润空间不断被压缩，可拓展的空间也变得狭小。"

与此同时，原材料成本大幅提升及劳动力成本的增加也给传统外贸企业造成不小的冲击。据管敏贤介绍，近几年，中国各地月最低工资标准的增幅都超过了 15%，劳动力成本也比过去 10 年增长了近 3 倍，加之厂房租赁费用的不断上涨，传统外贸企业内忧外患，压力重重，如履薄冰。尽管现阶段新订单接洽的成本在逐年攀升，但新客户开发速度和效率却远不如从前。

"部分情况较差的工厂已经出现严重产能过剩甚至生产几乎停滞的状态。"他说。

转型跨境电商重在经营思维的改变，切忌病急乱投医

在外贸形势的压迫下，如何保持销售额增长成为天虹急需解决的问题。2017 年 10 月，天虹文具开始在亚马逊美国站开店，并与敦煌网、速卖通、eBay、Wish、Lazada 等平台展开合作。

"跨境电商，这是一种新潮流、新思路，也是一块巨大的蛋糕，对于天虹文具而言恰好是一条新出路，可以帮助天虹解决货物滞留的问题，缓解工厂运营的压力，同时也可以双管齐下，实现传统到新型的转变。"管敏贤说道。

转型是有效的，天虹文具的销售额从最初月入几十万人民币到现在达几百万，一路持续上涨。但跨境电商新的模式也给天虹文具带来了一系列新的挑战。

跨境 B2C 不同于传统的 B2B，要求企业有更高层次的品牌意识，从思路架构、产品、目标客户群体、运营等多个方面进行调整。

"过去的 20 多年，我们是给 Staples、沃尔玛等海外大型销售公司做 OEM（代工）生产，只需负责生产、品控、交期等环节，而现在我们直面终端市场，从产品开发、生产、包装、物流、运营和售后都要全方位去仔细研究。"

管敏贤坦言，转型伊始因为对运营模式的不熟悉，天虹在供应链管理、物流运输、品牌营销、数据解析等环节处处碰壁。除此之外，传统外贸企业转型跨境电商的过程中，还有一个不容忽视的问题就是经营思维的转变。

"普通的传统外贸工厂涉足跨境 B2C 业务更多的是出于一种尝试的心态，而不是将其放在整体企业发展战略选择这一高度上。往往只是新增一个部门，招聘几个会外语的大学生，随即开通亚马逊、Wish 等账号就草率转型，而这种模式下的成功者寥寥无几，绝大多数都会因为最终效果不佳就偃旗息鼓。"

这其实是传统外贸企业不了解跨境电商行业特点，典型病急乱投医的表现。管敏贤认为，传统外贸和跨境电商各有各的商业逻辑，贸然跨界往往只会舍本逐末，而要想成功运营跨境电商 B2C，除了运营团队自身能力经验外，更需要整个公司在产品规划、产品开发、生产计划、备货计划、团队管理、风险控制和资金准备等各方面进行配套完善。

产品创新，重在把自己想象成为一个极致刁钻的客户

无论是传统外贸还是跨境电商，卖家都必须形成自己的壁垒。转型之中的天虹文具也

在不断思考如何在市场当中更进一步。

聚焦文具用品市场，管敏贤进行了细致的解析。欧美、日本等国家的文具行业经过长期发展和积累，已经在全球文具行业中占据主导地位，而中国文具产业以加工型企业居多，长期以OEM贴牌方式为海外企业加工并实现出口销售，产品附加值低，甚至技术创新及品牌意识仍非常淡薄。根据市场调查，中国文具行业约有80%的消费者仍是使用手摇卷笔器，而美国市场则截然相反，近70%的消费者已经转向电动卷笔器的使用。

在这样的市场需求及行业形势下，管敏贤直言，若要立足市场，就需要"新产品""新设计"，也正是出于这样的认知，天虹文具开发生产了锂电池电动卷笔器、锂电池橡皮擦等更加方便的产品，且在卷笔器产品上面增加了削尖立刻停止，大容量排屑桶、自动排芯、延时光笔等功能。

"一款新兴产品如果加以改造和升级，通过适当的推广和销售，那么很可能就是市场的趋势。如智能文具在海外市场尤其是欧美地区销量甚是可观，与传统文具相比较而言用户体验更好，兼具实用、便捷及安全等特征因而广受海外消费者青睐。除此之外，倘若能够在产品外观上植入一些更具多元化及富有当地特色元素的创意，那么产品的附加值无疑就能翻倍，且还能给企业发展带来全新的利润点。"管敏贤坦言，能够吸引到消费者的产品重点在于消费者模型机制的构建，例如通过大数据分析使用频次、流量、转化率等进行设计，真正的技巧在于把自己想象为一个极致刁钻的客户，把各个方面都做到极致。

布局跨境电商Q4旺季，天虹手握三把"宝刀"征战再出发

针对传统外贸企业转型跨境电商没经验、不专业、没门道等"疑难杂症"，管敏贤提出了两点战略建议：

"一方面，服务战略，整合文具供应链，满足客户需求。例如，通过整合外贸供应链资源，为企业提供通关、仓储、物流、认证等一站式外贸服务，大幅度提高外贸企业在整体供应链中的效率；另一方面，品质战略，树立品牌意识，增强产品竞争力。生产型外贸企业在短期内可以'借船出海'实现营收，但长期仍需打造品牌，重在精耕细作。"

实现了传统外贸与跨境电商两条腿走路的天虹文具，如今正不断为即将来临的年终旺季做准备。

第一，优化listing，打造爆款。产品是爆款的核心，爆款的持续程度关键在于产品竞争力。管敏贤表示："一方面，通过价格，商品的附加价值，如商品的外观、颜色和定制功能找准定位，形成差异化；另一方面，进行站内推广，优化标题设置，引导客户给出好的评价，进而做好站内营销。"除此之外，还需要建立专业的客服团队，解决客户在售前、售后中的问题，提升用户体验。

第二，站外引流，内容为王。社会化营销的核心内容，永远是内容价值链接一切，社交媒体不仅是传播工具，还是了解客户的窗口。"站外通过国外的社交媒体、视频网站为产品引流，通过社交媒体传播分享，来吸引潜在客户访问店铺，刺激销量的实操经验。"他说。

第三，供应链管理，库存保障。"下半年FBA（Fullfilment by Amazon，由亚马逊完成

的客服和代发货服务）排仓入仓时间拉长，所以备货也要趁早。"据其透露，参照往年的经验，FBA仓库基本上是会处于长期爆仓的状态，产品到了FBA仓本地，甚至货件被签收了，也很有可能会因为FBA处理中心（FC）没有地方放置或处理中心人员工作量超负荷无法及时处理等原因而造成很长时间入不了仓等情况发生。"为此在下半年的发货中我们会在产品入仓时间安排上做适当调整，留出充足的时间，尽量避免因为时间赶不及而导致的断货出现。"他说。

（资料来源：雨果跨境，2018.09.25）

项目检测

一、单项选择题

1. 个人身份（　　　）在洋码头开户。

   A. 可以　　　　　　　　　　　　B. 不可以

   C. 有限制条件　　　　　　　　　D. 不确定

2. 洋码头平台物流不包括（　　　）。

   A. 第四方物流　　　　　　　　　B. 第三方物流服务

   C. 直邮快件　　　　　　　　　　D. 海外仓储＋直邮

3. 下列进出口平台可以开直通车的是（　　　）。

   A. 阿里国际站　　　　　　　　　B. 洋码头

   C. Ebay　　　　　　　　　　　　D. 亚马逊

4. 以下对于海外仓描述错误的是（　　　）。

   A. 海外仓是在除本国外在其他国家建立海外仓库

   B. 卖家在销售目的地进行仓库、分拣、包装集派送的一站式控制集管理服务

   C. 海外仓的优点是速度快，退货方便，极大地提升买家的购物体验

   D. 海外仓对买家在供应链管理，库存管理方面要求不是很高

5.（　　　）不是阿里国际站可选的国际快递。

   A. DHL　　　　　　　　　　　　B. Fedex

   C. EMS　　　　　　　　　　　　D. 宅急送

二、判断题

1. 洋码头具有通过买手直播的真实购物场景。（　　　）

2. 入驻洋码头必须从PC端，手机端无法入驻。（　　　）

3. 以个人身份可以在阿里国际站上开店。（　　　）

4. 利用好SNS分享营销，能让卖家的流量不止来自Alibaba平台。（　　　）

5. 国际专线的特点非常明显，通常具有价格低、时效稳、运力强、清关便捷等特点。（　　　）

三、简答题

1. 洋码头店铺运营策略有哪些？

2. 阿里国际站店铺营销推广策略有哪些？

四、趣味挑战

根据自身实际，找到合适货源，查找并选择除了洋码头和阿里国际站以外的一家跨境电商平台，在该平台上注册账号，并进行销售。

扫码看答案

🔷 实训拓展

1. 实训名称

阿里巴巴国际站操作。

2. 实训目标

（1）熟悉阿里巴巴跨境B2B电子商务平台——国际站的环境。

（2）熟悉阿里巴巴国际站的相关规则。

（3）掌握阿里巴巴国际站提供的功能。

3. 实训要求

（1）掌握阿里巴巴国际站产品的发布流程。

（2）熟悉社交平台，会用SNS方法推广店铺。

4. 实训仪器

U盘、投影设备、局域网、计算机、互联网、交换机、网线。

5. 实训内容与步骤要求

（1）登录阿里巴巴国际站平台（www.alibaba.com），熟悉平台环境。

（2）通过阿里巴巴国际站，了解平台规则，以及平台为买家和供应商提供的功能等。

（3）在平台上发布产品。

（4）运用直通车、平台活动或SNS方法推广店铺。

6. 考核标准或评价

（1）实训后，学生将实训结果等内容写成实训报告。

（2）指导教师对每份实训报告进行审阅、评分。

（3）该实训课程是对理论教学内容的应用与验证，实训课的成绩记入课程平时成绩，占总成绩的20%。

参考文献

［1］ 肖丽平. 网络运营与管理实务［M］. 北京：中国人民大学出版社，2018.

［2］ 段文忠. 网店运营管理［M］. 北京：高等教育出版社，2019.

［3］ 白东蕊. 网店运营与管理［M］. 北京：人民邮电出版社，2019.

［4］ 任娟，周邦平. 网店运营［M］. 北京：北京理工大学出版社，2020.

［5］ 柴振佳，石烁. 网店运营案例分析项目实战［M］. 天津：天津大学出版社，2020.

［6］ 北京鸿科经纬科技有限公司. 网店运营基础［M］. 北京：高等教育出版社，2020.

［7］ 张雪玲. 网店运营［M］. 重庆：重庆大学出版社，2016.

［8］ 全国电子商务运营技能竞赛组委会，北京博导前程信息技术股份有限公司. 网店运营实务［M］. 北京：中央广播电视大学出版社，2016.